AMÉLIE NOTHOMB

I NOMI EPICENI

VOLAND

AMAZZONI

Amélie Nothomb

I nomi epiceni

traduzione di Isabella Mattazzi

Voland

Titolo originale: *Les prénoms épicènes*

Prima edizione: febbraio 2019

ISBN 978-88-6243-361-7

Dello stesso autore presso le edizioni Voland:
Igiene dell'assassino
Sabotaggio d'amore
Le Catilinarie
Attentato
Ritorno a Pompei
Mercurio
Stupore e tremori
Metafisica dei tubi
Cosmetica del nemico
Dizionario dei nomi propri
Antichrista
Biografia della fame
Acido solforico
Diario di Rondine
Né di Eva né di Adamo
L'entrata di Cristo a Bruxelles
Causa di forza maggiore
Il viaggio d'inverno
Una forma di vita
Uccidere il padre
Barbablù
La nostalgia felice
Pétronille
Il delitto del conte Neville
Riccardin dal ciuffo
Colpisci il tuo cuore

Non gli passa.

È difficile che la collera passi. Esiste il verbo incollerirsi, far montare dentro di sé la collera, ma non il suo contrario. Perché? Perché la collera è preziosa, protegge dalla disperazione.

Tre ore prima, nessun uomo al mondo era più felice di lui.

– Sei bellissima. Di fronte a te qualsiasi altra donna sembra brutta. Anzi, no. Di fronte a te le altre donne scompaiono.

– Dovrai farci l'abitudine, temo.

– Cinque anni che facciamo l'amore e non era mai stato così bello come oggi. Conosci per caso un'altra storia come la nostra?

– No.

– Ti chiami Reine. All'inizio questo nome mi terrorizzava. Adesso non potrei sopportarne uno diverso per te. Reine, regina, sei talmente tu. Resta tra le mie braccia, amore mio.

– Non posso.

– Dove vai?

– A sposarmi.

– Molto divertente.

– Non scherzo. Mi sposo con Jean-Louis tra due giorni.

– Cosa stai dicendo?

– Jean-Louis. Lo conosci.

– Ma sono io l'uomo che ami. Sono io quello che vuoi sposare.

– Quando i miei genitori hanno messo su famiglia, si amavano follemente. Hanno avuto una vita mediocre. Adesso mia madre fa da serva a mio padre. Non è cosa per me.

– Insieme a me non avrai una vita mediocre.

– Stiamo insieme da cinque anni. A parte l'amore, non sei stato capace di fare granché.

– Non te ne sei mai lamentata, direi.

– Non essere volgare. Jean-Louis diventa adesso il vicepresidente di una grande società di elettronica. Mi porta a Parigi.

– Parigi!

– Sì, Parigi. L'eccellenza, la bella vita. Quello che ho sempre sognato. Quante volte ti ho detto che volevo andarmene da questo paesotto?

– Ti ricordo che ho soltanto venticinque anni.

– Io invece ne ho già venticinque. Sono stanca di aspettare.

– Jean-Louis lo sa che esisto?

– Come potrebbe ignorarlo?

– E non gli dà fastidio?

– Tu appartieni al passato.

– Al passato! Non più tardi di mezz'ora fa facevamo l'amore come dèi!

– Era l'ultima volta.

Reine finì di vestirsi in silenzio.

– Amore mio, non è possibile. Dimmi che è soltanto un maledettissimo brutto sogno, uno scherzo atroce, una provocazione.

– È la verità. Addio.

Rimasto solo, sceglie la collera. Per nutrirla, decide di vendicarsi. Uccidendo Reine? Certamente no. Gli si ritorcerebbe contro.

Soprattutto vuole che Reine soffra. Che soffra quanto soffre lui.

Non gli passerà mai.

Seduta ai tavolini all'aperto del suo caffè preferito, Dominique assaporava quel sabato pomeriggio. Amava il sole di settembre che la riscaldava senza scottarla.

Segretaria in una società di import-export, andava molto fiera del suo lavoro. Il padre faceva il pescatore, la madre la casalinga. "Sei una donna indipendente, tesoro mio" le aveva detto quest'ultima. "Complimenti!"

A venticinque anni guardava al futuro con fiducia. Non le dispiaceva stare da sola. L'amore sarebbe venuto a tempo debito. Quando vedeva certe amiche sposate e con figli, era felice di non aver fatto come loro. Accasata, che sorte sinistra!

Non si accorse dell'uomo che, al tavolino accanto, era intento a fissarla.

– Buongiorno, signorina. Posso offrirle da bere?

Dominique non seppe cosa rispondere. L'uomo prese il suo silenzio per un assenso e si sedette di fronte a lei.

– Cameriere! Dello champagne.

– Due coppe?

– Una bottiglia. La migliore che avete.

Il cameriere portò un Deutz e riempì due calici.

– Ha qualcosa da festeggiare? – chiese la giovane donna.

– Il nostro incontro.

Brindarono. Dominique non aveva mai bevuto uno champagne importante e si commosse nel trovarlo così buono.

– Come si chiama?

– Claude. E lei?

Rispose che si chiamava Dominique e da cinque anni lavorava come segretaria da Terrage. Poi tacque perché lui non sembrava ascoltarla.

– Di cosa si occupa? – finì per chiedergli.

– Tra poco andrò a Parigi per mettere in piedi una società – rispose lui con il tono evasivo di chi non vuole dilungarsi troppo sull'argomento.

Quell'uomo la inquietava un po', non sapeva perché. Si calmò pensando che dopotutto era lui che l'aveva abbordata. Cosa importava se rimaneva deluso?

– Lei è davvero incantevole, Dominique.

Il sorso di champagne le andò per traverso, ci mancò poco che soffocasse.

– E scommetto di non essere il primo a dirglielo.

Sì invece, lo era. Fino ad allora non se lo era sentito ripetere che da sua madre e proprio per questo non aveva preso la cosa molto sul serio.

– Non so che dire, signore.

– Mi chiami Claude. Abbiamo la stessa età.

– Ma non sono certo un imprenditore, io.

– È solo un dettaglio senza importanza. Mi piacerebbe rivederla.

Insistette per avere il suo numero di telefono. Dominique glielo diede a malincuore e si alzò in tutta fretta per dissimulare l'imbarazzo.

Fosse stata una ragazza normale, avrebbe chiamato un'amica per raccontarle l'accaduto. Ma in lei abitava da sempre una vergogna che non sapeva spiegare. Parlava così poco di questa sensazione da ignorarne perfino il nome: si trattava semplicemente di un complesso.

Sapeva solo che le altre ragazze non ne soffrivano. Al lavoro, aveva colleghe esuberanti abituate alle chiacchiere dei seduttori. A lei nessuno diceva quelle cose, e ne aveva dedotto di non essere bella. In realtà, se nessuno la corteggiava, era perché la gente percepiva il suo problema a distanza.

Quest'uomo – Claude, era il caso che si abituasse a chiamarlo così – invece non l'aveva avvertito. Raccolse tutto il suo coraggio per andare a guardarsi allo specchio. "Incantevole" aveva detto. Che cosa aveva visto in lei?

Rifletté. Un imprenditore non ha ragione di mentire a un'oscura segretaria. Non si era comportato come un uomo in cerca di un'avventura. "Aspettiamo che mi telefoni" pensò.

Trascorse una settimana. "Avrei dovuto capire che non si trattava di una cosa seria. Meno male che non ho parlato con nessuno di questa storia."

– Pronto, buonasera, potrei parlare con Dominique, per favore?

– Sono io.

– Come sta? Sono Claude.

– Pensavo si fosse dimenticato di me.

– Lei non è certo una persona di cui ci si può dimenticare. Mi perdoni per aver tardato a chiamarla. Sono dovuto andare a Parigi per regolare delle questioni essenziali per la mia società. È libera questa sera?

Al ristorante Claude ordinò anche per lei. Dominique si stupì di esserne felice, oltre che sollevata – temeva di non scegliere piatti abbastanza raffinati.

– È molto elegante – le disse con l'aria di chi se ne intende.

Dominique riuscì a non arrossire. "Devo trovare il modo di far parlare lui," pensò "altrimenti non ne esco viva."

– Come si chiama la sua società? – chiese.

– È la filiale parigina della società Terrage. Si occupano di import-export.

Dominique rise.

– Sapevo che non mi stava ascoltando l'altro giorno, altrimenti avrebbe notato la coincidenza. Io lavoro per loro.

– Da Terrage? Incredibile!

Gli chiese il nome dei suoi collaboratori. Claude rispose che a parte l'amministratore delegato non aveva altri interlocutori. Dominique sentì allora il suo complesso toglierle il fiato impedendole quasi di respirare, e cambiò discorso:

– Le piace Parigi?

– Ho sempre desiderato viverci. C'è una tale energia in quella città.

– Non ci sono mai stata.

– La adorerà.

– Per adorarla dovrei prima andarci.

– Quando saremo sposati, non avrà altra scelta che vivere lì.

Dominique posò forchetta e coltello, fece un respiro e disse:

– Non mi piace che mi si prenda in giro.

– Sono molto serio. Dominique, vuole diventare mia moglie?

– Ma se neppure mi conosce.

– Ho saputo che lei era quella giusta fin dal primo sguardo.

– A quante altre donne ha già fatto questo simpatico scherzo?

– Lei è la prima.

Dominique si alzò tremando.

– Non mi sento bene. Voglio tornare a casa.

– Ma non ha mangiato nulla.

– Non ho fame.

Claude la seguì fuori del ristorante.

– Posso riaccompagnarla?

– Non è il caso, e grazie per l'invito.

Camminò in fretta e constatò con sollievo che lui non la stava seguendo. Ma che gli saltava in mente, a quel tipo? Era completamente fuori di testa per comportarsi così?

L'aria pungente dissipò il suo malessere. Provò la gioia della preda vittoriosa, appena a casa si mise a letto e sprofondò in un sonno senza sogni.

L'indomani mattina, sentì squillare il telefono.

– Dominique? Mi sono comportato come un bruto. Come posso farmi perdonare?

– Lasciandomi tranquilla.

– Capisco. Le do il mio numero. Sarà lei a chiamarmi, se e quando ne avrà voglia.

Dominique lasciò che le dettasse il numero, fermamente decisa a non servirsene.

Ogni domenica andava a pranzo dai genitori. Sulla strada si fermò in pasticceria e comprò un Paris-Brest.

Il pranzo si svolse senza particolari intoppi. Figlia unica, Dominique aveva ereditato dal padre l'indole taciturna e dalla madre la pacatezza. Quest'ultima, nondimeno, guardò a lungo il viso della figlia.

– Mamma, cosa c'è?

– Non so. Mi sembra che ti sia successo qualcosa d'importante.

– Smettila di osservarmi, per favore.

Nel pomeriggio, durante la passeggiata, la conversazione non fu certo più fluente. Ma Dominique sentiva che la madre aveva ragione. Guardava il paesaggio con un'emozione più intensa, come se lo scoprisse per la prima volta. Le persone che incrociavano lungo il cammino sembravano scrutarla in modo strano.

– Come è diventata bella vostra figlia! – disse una signora ai suoi genitori.

Per la prima volta Dominique pensò che avrebbe lasciato volentieri quella città.

Tornata a casa sua, fece un bagno per calmarsi. Resistette fino a cena e poi, con un po' di vergogna, compose il numero di Claude.

Lui rispose al primo squillo, quasi fosse rimasto accanto al telefono fin dalla mattina.

– Speravo tanto che mi chiamasse.

– Non so perché lo faccio. Lei mi rende inquieta. Sta andando davvero troppo in fretta. Io non la conosco.

– È vero, sono troppo impetuoso, è insopportabile. Non mi sono mai comportato così, non è da me.

Si incontrarono per bere una cosa. Claude fu divertente e gentile. Dominique pensò che lo aveva mal giudicato. Era un ragazzo gradevole.

Ogni sera Claude le dava appuntamento in un posto diverso. La giovane donna si accorse che aspettava quell'incontro con piacere.

Il sabato seguente telefonò alla madre per chiedere se al pranzo di domenica poteva portare qualcuno.

– Ma certo – rispose lei, dissimulando la propria emozione.

Nel pomeriggio Dominique annunciò a Claude che i suoi genitori lo invitavano per l'indomani. Il giovane uomo manifestò grande entusiasmo e ringraziò.

– Possiamo darci del tu ormai, no?

– Sì, è più naturale – ne convenne lei.

Dominique piombò a casa dei suoi più presto del solito per aiutarli. Claude arrivò alle 12,30 con un magnifico mazzo di fiori. La giovane donna si occupò di disporli in un vaso mentre l'invitato si accomodava in salotto. Quando lo raggiunse, le fu subito chiaro che si trattava di un trionfo.

Il giovane conversava amabilmente e con semplicità, fece onore alla cucina, ebbe numerosi momenti di distrazione in cui si perdeva a fissare Dominique, si complimentò senza eccessi con la padrona di casa e si accomiatò dopo il caffè.

La sera, per la prima volta, il padre telefonò alla figlia:

– Quel ragazzo mi piace molto. Sono veramente contento per te.

– Grazie papà.

– Ti passo tua madre.

– Come stai mamma?

– Claude è meraviglioso, tesoro mio. Ti ama. È serio. Ed è anche bello.

Quest'ultimo commento stupì la giovane donna. Innanzitutto perché sua madre non diceva mai cose del genere. E poi perché lei, al contrario, non si era mai posta il problema. Claude era bello? Si sforzò di rifletterci sopra e dovette riconoscere di sì. Era così indifferente alla bellezza da non avere notato quella di Claude? Cosa le aveva impedito di accorgersene?

Ripensò alle storie senza importanza che aveva avuto prima di lui e non riuscì a capire. Un tempo era completamente diversa dalla persona prudente che era diventata. Cosa non la convinceva del tutto in quell'uomo? Non era stata innamorata neppure dei suoi ammiratori precedenti e non per questo si era mai sentita in imbarazzo.

Sì, ma adesso, appunto, avrebbe dovuto esserlo. Claude voleva sposarla, la amava. Riuniva in lui tutte le qualità che lei aveva sempre sognato, eppure, in sua presenza, Dominique provava angoscia.

Con chi poteva parlarne? Non si era mai confidata con le amiche su quel genere di cose, non ne era capace. E aprirsi con il proprio predatore? Aveva senso?

– Pronto, Claude?

– Tesoro mio, stavo per chiamarti. I tuoi genitori sono fantastici.

– Ti adorano.

– Davvero? Ne sono felice!

– Mamma ti trova bello.

Lui scoppiò a ridere.

– Tua madre è troppo indulgente.

– Claude...

– Sì? Che c'è?

Blocco. Le parole se ne restavano incagliate sul fondo della gola.

– C'è qualche problema, Dominique?

Al sentire il suo nome pronunciato da quella voce, la paura si moltiplicò.

– Vuoi che venga lì da te?

– No.

– Peccato. Parto per Parigi domani mattina. Non ci vedremo per una settimana.

– È per il lavoro?

– Sì, ho delle cose importanti da sistemare. Mi mancherai.

Si mostrò gentile e comprensivo. Quando appese, Dominique pianse. Era completamente matta ad avere delle riserve nei confronti di un ragazzo così gentile? Allo stesso tempo dovette ammettere che quella settimana di separazione la rassicurava. Avrebbe potuto prendere fiato.

La domenica seguente i genitori le chiesero notizie di Claude. Rispose con le solite banalità di rito.

Durante la passeggiata si avvicinò alla madre e, facendosi coraggio, osò parlarle:

– Mamma, non sono innamorata di quell'uomo.

– Cosa vuol dire per te essere innamorata?

– Non lo so. Tu eri innamorata di papà?

– Sì. Ma mi facevo meno domande, figlia mia.

– Pensi che io me ne stia facendo troppe?

– Sì.

– E comunque tu non hai dovuto lasciare la tua città. Claude vuole che lo segua a Parigi. Ci hai pensato?

– Se la tua vita è a Parigi, va bene così.
Silenzio.
– Cosa succederebbe se non lo sposassi?
– Lo rimpiangeresti per sempre.
Dominique sospirò.
– Non preoccuparti. Abbi fiducia – aggiunse la madre dandole un bacio.

Fiducia: sì, era la parola-chiave. Perché non avrebbe dovuto avere fiducia in Claude? Sua madre, una donna piuttosto prudente, aveva fiducia in lui.

– Quando lo rivedi?
– Domani sera.
– Andrà tutto a posto. La lontananza non ti fa bene.

Prima di prendere il treno, Claude andò in un negozio di profumi sugli Champs-Élysées.

– Buongiorno, signorina. Vorrei fare un regalo alla mia fidanzata.
– Un profumo?
– Sì. Non so quale scegliere.
– Quali sono i gusti della sua fidanzata?
– La cosa non la riguarda.
– Sto solo cercando di aiutarla.
– Voglio un profumo che faccia colpo su una donna.

La commessa si irrigidì. Squadrò quel giovane uomo così pieno di boria nel suo completo da ufficio. "E dire che da qualche parte c'è una povera ragazza che sta per cadere nella trappola di questo imbecille! Lanciamole un segnale forte, facciamo aprire gli occhi a questa sventurata." Assunse un'espressione categorica e disse:

– Chanel N° 5.

– Non è un po' troppo classico?

– È IL classico, signore. Esattamente quello che ci vuole per fare colpo sulla sua fidanzata.

La commessa confezionò il pacchetto-regalo più pomposo che fosse possibile.

Nel 1970 il treno ci metteva più di cinque ore e mezzo per arrivare a Brest. Verso le 18 Claude ritrovò Dominique.

– Il tempo non passava mai, senza di te.

– Sì – disse lei, ben cosciente di quel che nascondeva la laconicità della risposta.

– La tua settimana è andata bene?

– Niente da segnalare. E la tua?

– Le cose procedono a gonfie vele.

Le raccontò diversi episodi che lei ascoltò con grande sforzo, non riusciva a trovarli particolarmente interessanti.

Al momento di salutarla, Claude tirò fuori un pacchetto dalla sua ventiquattrore.

– Ho un regalo per te.

– Che cos'è?

– Vedrai.

Rimasta sola, Dominique si dedicò al pacchetto. Si sentì un po' in colpa a rompere una confezione così lussuosa. Sulla carta un'etichetta indicava un indirizzo sugli

Champs-Élysées e la giovane donna non poté fare a meno di rimanerne impressionata.

Chanel N° 5: lo conosceva di nome, niente di più. Non aveva mai ricevuto un profumo in dono. Quanto al comprarsene uno da sola, l'idea non l'aveva mai neppure sfiorata. Claude era pazzo a farle un regalo del genere.

Uscì dal caffè sperando che nessuno l'avesse vista in una situazione così imbarazzante.

A casa si chiuse in bagno e si decise a tirare fuori la boccetta dalla scatola. L'oggetto le sembrò di una bellezza impareggiabile. Era il modello originale, senza vaporizzatore. Tolse il tappo e respirò: l'odore la colpì con troppa intensità perché potesse stabilire se le piaceva.

In ufficio una delle colleghe le aveva detto che per capire se un profumo va bene per noi bisogna portarlo. Il profumo reagisce in modo diverso a seconda della persona. Dominique si spogliò completamente, si sedette sul bordo della vasca e prese la boccetta. Procedette come aveva visto fare al cinema: impregnò il tappo capovolgendo la boccetta, poi se lo passò con delicatezza all'interno del polso. Poi avvicinò alle narici la sua pelle trasfigurata da quella unzione: quanto sentì in quel momento superò tutte le emozioni vissute fino ad allora. Se fosse stata costretta a rivestire di parole ciò che stava provando, avrebbe detto che quel profumo sapeva di regina di un mondo lontano, di eleganza nel suo pieno trionfo, di bellezza finalmente incarnata e di un bacio dei sogni, un bacio del tutto diverso da quelli così faticosi che accettava da Claude. Ma nell'intimità del bagno Dominique non si sentiva obbligata a nessuno sforzo di nominazione, e si accontentò di gemere di piacere.

Capovolse di nuovo la boccetta e impregnò più generosamente la parte interna del polso. Questa volta l'effetto andò su dritto come una freccia fino al cervello e la fece tremare. Il dio del profumo la ghermì, la vecchia astuzia del cuoio di Russia operò il suo incanto e la giovane donna comprese che la sua pelle era la sede di un godimento senza limiti. Si vide nuda nello specchio e seppe di essere bella. Distogliendo subito lo sguardo, si chiese se Claude la desiderava e l'odore ammaliante rispose, con autorità, che non avrebbe potuto dubitarne.

Allora osò l'impensabile: impregnò il tappo ancora una volta e se lo passò a più riprese sul collo osservando il gesto nel riflesso. Una goccia di profumo scivolò sul petto e l'estasi si propagò al suo corpo intero.

A venticinque anni Dominique conosceva soltanto l'acqua di Colonia e non l'amava affatto. Regalandole una boccetta di Chanel N° 5, scegliendo per lei quel profumo sontuoso, Claude le dichiarava con ardore la fiamma della sua passione. L'odore miracoloso la avviluppò nel suo turbamento e Dominique disse a voce alta:

– Lo amo.

Nell'ascoltare sé stessa mentre pronunciava quelle parole, si domandò a chi si stava rivolgendo. Rispose al suo riflesso:

– Amo Claude. Claude, ti amo.

Fremette dalla testa ai piedi. Era questo dunque. Lo spirito del profumo l'aveva liberata dalla sua paura. Claude era il principe che avrebbe sciolto il sortilegio in cui era imprigionata. Da quale magica creatura aveva saputo che Chanel N° 5 era la chiave della sua anima? Lo ignorava, ma non poteva che benedirla con tutto il cuore.

Sì, lo avrebbe sposato. Sarebbe vissuta con lui. Avrebbe abitato nella città di quel profumo.

L'indomani, al lavoro, la sua collega le disse che aveva un'aria strana. Per la prima volta Dominique parlò di quanto le stava accadendo:

– Il mio innamorato mi ha regalato una boccetta di Chanel N° 5.

Christelle scoppiò a ridere, poi commentò:

– Non ha paura dei cliché il tuo innamorato, eh?

Dominique la detestò e attribuì la sua reazione alla gelosia. Come aveva fatto bene a non essersi mai confidata con lei, prima! Non ci sarebbe cascata più. E quanta fretta aveva adesso di lasciare quel paesotto e la sua gente così meschina! A Parigi, ne era sicura, non c'era spazio per simili piccinerie.

La sera, prima dell'appuntamento con Claude, si mise un po' del profumo che aveva deciso della sua vita. Lui, che si era dimenticato del regalo, trovò che Dominique avesse un odore un po' strano, ma non ebbe il tempo di dirglielo. Guardandolo negli occhi, lei dichiarò solennemente:

– Accetto di diventare tua moglie.

Dominique osservò lo stupore beato del giovane uomo mentre le chiedeva:

– Cos'è stato a convincerti?

– Chanel N° 5.

"Avevo giudicato male quella commessa. Che grande professionista!" pensò lui.

– Tesoro mio, sono il più felice degli uomini! Sposiamoci subito.

– Perché hai tanta fretta?

– Non voglio che cambi idea.

Dominique rise. Quanto lo amava!

Il matrimonio non fu difficile da organizzare. Claude non aveva più i genitori, ed entrambi i ragazzi non avevano praticamente amici. Dominique si licenziò senza rimpianti.

La coppia si stabilì a Parigi, in un appartamento in rue Étienne-Marcel.

– Non resteremo qui a lungo, – dichiarò Claude – non è abbastanza chic.

Dominique non osava dire che adorava quel quartiere così vivace e simpatico. Il centro di Parigi ribolliva di energia. Quando il marito era al lavoro faceva lunghe passeggiate e si meravigliava del numero di negozi e di botteghe. La affascinavano perfino i lavori in corso delle Halles.

Non aveva soldi per comprarsi vestiti nuovi, ma era solita inumidirsi il collo con qualche goccia del suo profumo. Si sentiva allora di una bellezza particolare e camminava fino ai giardini di Palais-Royal, restando ogni volta senza fiato di fronte a tanto splendore.

Claude, la sera, rientrava sempre preoccupato. Dominique lo capiva. Mettere in piedi quella filiale doveva essere angosciante, i problemi erano enormi. I suoi racconti la entusiasmavano.

– Che belle notizie, tesoro mio! Stai andando alla grande.

Lui non sembrava mai felice. La moglie glielo fece osservare.

– Non sono tipo da accontentarmi di poco – rispose.

Lei sorrise, fiera di lui.

Una sera del 1971, Claude tornò a casa più abbattuto del solito.

– Che succede?

Rimase a lungo in silenzio. Dominique iniziava a preoccuparsi, quando lui le disse:

– Non sei ancora rimasta incinta.

Lei rise, sollevata.

– Non è divertente – continuò lui.

– Amore mio, siamo sposati da neanche un anno!

– Voglio un figlio da te.

– Anch'io.

"È normale che tu non sia ancora incinta?" le diceva lui adesso ogni volta che avevano fatto l'amore.

Quell'"ancora" cominciava a diventare pesante. La giovane donna consultò un ginecologo, che la rassicurò: era in perfetta salute, non c'era nessun rischio di sterilità. Quando annunciò il responso al marito, sembrò sollevato. Claude fece l'amore con lei appassionatamente, e Dominique si convinse di esserne appagata.

Terrage Paris, come la chiamava Claude, prosperò in fretta. Le cifre sbalordivano Brest. Fu possibile assumere più personale. La sede della compagnia venne trasferita da Saint-Ouen a Batignolles. Il marito spiegò alla moglie che, a livello psicologico, era una cosa molto importante:

– Terrage Paris non si trova più dalla parte sbagliata della circonvallazione. La società adesso si merita il suo nome.

– Complimenti, tesoro mio!

La felicità non era completa: le notizie di Dominique non erano altrettanto belle. Ogni mese, messa di fronte al fatto di non essere incinta, provava vergogna.

Un giorno ebbe il coraggio di dire a Claude quanto le aveva confidato il ginecologo: il problema poteva venire da lui. Per un istante vide un lampo di odio attraversare i suoi occhi. Dopo una pausa, Claude dichiarò:

– Vado a fare le analisi, per togliermi il pensiero.

Qualche giorno più tardi ebbe i risultati che annunciò con arroganza:

– Abile alla leva e perfettamente funzionante!

Dominique si consolò come poté. L'odio è parente prossimo dell'amore. E d'altro canto lei non aveva forse messo in dubbio uno dei punti d'orgoglio più importanti per un uomo? In ogni caso per la prima volta in vita sua rimpianse di non avere un'amica e di non poter piangere tra le sue braccia.

1972. 1973. La sua vita stava diventando un incubo.

Un giorno ebbe l'idea di parlare di adozione con il marito:

– Saremmo sicuramente in cima alla lista, abbiamo tutti requisiti per accogliere un piccolo vietnamita...

– Piantala. Voglio un figlio da te. Sono stato chiaro?

"Voglio un figlio da te": erano parole d'amore? Lo sembravano. Eppure l'astio con cui Claude le aveva pronunciate l'aveva spaventata.

Faceva l'amore con lei tutte le sere. Ma non era quello il verbo che risuonava dentro la testa di Dominique, visto che ormai questa attività le era diventata insopportabile: lui voleva solo metterla incinta, ne era perfettamente conscia.

Il suo ventre ormai la terrorizzava: ci si aspettava da lui una dinastia che si rifiutava di produrre. Senza saperlo, Dominique provava le stesse angosce di Maria Antonietta nei primi tempi del suo matrimonio.

Claude decise a un certo punto che era troppo magra e che era questo a impedirle di restare incinta.

– Il dottore non ha mai detto niente di simile – protestò lei. – Sono di costituzione minuta, è una delle cose che ti sono sempre piaciute di me.

Lui criticò il suo modo di nutrirsi, le ordinò di mangiare alimenti più ricchi, iniziò a osservarla a tavola con sospetto. Dominique pensò che se questa storia andava avanti ancora a lungo, avrebbe finito per detestarlo.

All'inizio del 1974, mentre lavava i piatti, Dominique svenne. Quando si risvegliò, al suo capezzale trovò Claude e il dottore.

– Tesoro mio, sei incinta.

Da quanto tempo non aveva sentito il marito chiamarla così? La cosa la commosse ancor più della buona notizia.

– Le faccio le mie congratulazioni, signora, – proseguì il medico – ma la scopro più fragile di quanto non pensassi. Dovrà rimanere a letto per tutto il tempo della gravidanza. Altrimenti rischia di perdere il bambino.

– Sono così felice – rispose lei, totalmente indifferente a quella diagnosi.

– Mi prenderò cura io di te – disse il marito con tenerezza.

I mesi che seguirono lasciarono in Dominique varie impressioni contrastanti. Claude era più presente e più gentile che mai, ma lei non si sentiva tranquilla. Provava dolori così spaventosi da farla urlare. Il dottore non riusciva a trovare una causa. Solo Dominique sapeva che quelle sofferenze esprimevano i due anni di tetra angoscia da cui riemergeva. Dentro di lei una voce diceva: "Mai più!"

Eppure era sicura di amare il suo bambino. Sentiva uno slancio potente verso di lui.

– Preferisci un maschio o una femmina? – chiese al marito.

– Per me vanno benissimo l'uno e l'altra.

Guardò con gioia quell'uomo tornato di nuovo così dolce e rise.

– Cos'è che ti diverte?

– Abbiamo un punto in comune noi due. Entrambi i nostri nomi non specificano il sesso a cui apparteniamo.

– Sì. Abbiamo due nomi epiceni.

– Epiceni? Non ho mai sentito questa parola.

– Ben Jonson, un celebre contemporaneo di Shakespeare, ha chiamato così una delle sue opere teatrali. Épicène è il nome, per lui, della donna perfetta.

Si guardò bene dal precisare l'estrema ironia di Ben Jonson in quella scelta.

– Straordinario – disse Dominique. – Immagino che Épicène sia un nome epiceno.

– È il nome più epiceno del mondo.

– E se chiamassimo così il nostro bambino, maschio o femmina che sia?

– Perché no?

Questa conversazione fu uno dei momenti più deliziosi della gravidanza.

Per il resto del tempo, la sventurata era attraversata da tormenti indicibili, nel fisico come nell'anima. Il dottore, che non riusciva a capire cosa avesse, le disse che si trattava di crisi di tetania.

– Viene detta anche spasmofilia. Terribile da sopportare, ma non pericolosa. Prenda un sacchetto di carta e ci respiri dentro: andrà un po' meglio.

Detto, fatto. Dominique seguì alla lettera la prescrizione del medico, ma senza provarne sollievo. Più si avvicinava il termine, più le crisi si ripetevano e si aggravavano. Aveva paura che il bambino sentisse il suo dolore e questa preoccupazione non faceva che aumentare i sintomi misteriosi.

Il parto, previsto per il 20 settembre, ebbe luogo il 9 di quel mese. Furono ventitré ore di sofferenza intollerabile. La madre e il bambino rischiarono di morire. Si decise alla fine per un cesareo, che salvò in extremis Dominique ed Épicène. Erano le 23,54.

– È una bella bambina, signora.

La madre riuscì a intravedere il minuscolo neonato prima di sprofondare nel sonno. Mentre dormiva, andarono a chiamare Claude per dargli la buona notizia. Appena vide Épicène la sua mascella si contrasse.

Dominique ci mise una settimana a riprendere un po' le forze. Ma tra lei e la figlia fu una storia d'amore immediata. Quando la prendeva in braccio, il resto del mondo non esisteva.

Claude telefonò:

– Sono andato in Comune a dichiarare la nascita di Épicène. L'impiegato non voleva registrarla con quel nome. Gli ho spiegato che viene da Ben Jonson, ma non gliene è importato nulla. Allora ho detto che si tratta di un'opera teatrale di Shakespeare e stavolta ha funzionato.

– Quando vieni a trovarci, tesoro mio?

– Per il momento ho troppo da lavorare, voi riposatevi.

Quando madre e figlia tornarono a casa, l'assenza del padre si fece sempre più evidente. Dominique lo trovava estremamente freddo verso la piccola. "Ha voluto così tanto questa bambina, e adesso che è qui la ignora" pensò. Si raccontò che gli uomini si interessano raramente ai neonati e che le cose sarebbero andate meglio una volta che Épicène fosse cresciuta un po'. Quest'ultima era di buon carattere: non piangeva mai, dormiva tutta la notte, ciucciava il suo biberon senza fare storie e per la madre aveva solo grandi sorrisi.

– Hai visto come ci somiglia? – disse la moglie al marito. – Ha preso sia da me che da te. Non potremmo mai rinnegarla!

Claude rispose con una smorfia ostile. Dominique ebbe l'impressione che scrutasse il viso della neonata alla ricerca di qualcosa – una cosa che con ogni evidenza non trovava – e le sembrò di vedere la mascella del marito contrarsi leggermente. Fu attraversata da un fremito. "Ho troppa immaginazione" concluse.

– Vuoi prenderla in braccio?

– No. Ho paura di essere maldestro.

Puzzava di scusa lontano un chilometro.

Cominciò una nuova vita da cui Claude si era volontariamente escluso. La madre e la figlia diventarono tutto l'una per l'altra. Dominique portava a passeggio la piccola in carrozzina, andava ai giardini di Palais-Royal, si sedeva su una panchina, teneva la bambina sulle ginocchia e le mostrava il mondo.

I passanti si intenerivano davanti allo spettacolo di una maternità così felice. La giovane donna si chiedeva perché il primo venuto guardasse Épicène con molto più affetto del padre.

A casa giocavano insieme per ore. La piccola era eccezionalmente sveglia, capiva tutto e scoppiava a ridere alla minima occasione.

– Sei il ritratto della felicità, tu – diceva Dominique.

Quando Claude tornava a casa, Épicène gli tendeva le braccia gorgogliando.

– Tua figlia ti reclama – traduceva la moglie.

– Sei gentile, non ho tempo.

Dominique si chiedeva ogni volta a chi fosse indirizzato quel "Sei gentile".

La piccola iniziò a camminare molto presto. Un giorno in cui Claude, seduto sul divano, stava esaminando certi fascicoli, la madre nascosta dietro la porta del soggiorno disse all'orecchio della bambina:

– Vai da papà.

Épicène mise un piede davanti all'altro con la fermezza di un piccolo soldato e, arrivata davanti al padre, gridò di gioia battendo le mani.

– Non vedi che sono occupato? – disse Claude alla bimba, con voce sorda.

– Ma sta camminando! – protestò Dominique.

– I miei complimenti, molto bene – disse lui col tono di voler essere lasciato in pace.

La sera stessa, Claude dichiarò alla moglie che voleva un altro bambino.

– Non se ne parla proprio – rispose lei.

– Perché?

– Come perché? Non ti ricordi quanto ho sofferto? Non potrò sopportare mai più un dolore simile.

Si guardò bene dall'aggiungere che, vista la sua più completa assenza di istinto paterno, non vedeva proprio perché rischiare di nuovo di morire per fargli piacere. Claude capì che la sua decisione era senza appello.

In seguito Dominique rifletté su quella domanda così incomprensibile del marito. Con ogni evidenza Claude non voleva bene a sua figlia. Era geloso di lei? Sembrava di no. La gelosia sarebbe stata giustificabile se Dominique gli avesse dimostrato meno amore di prima. Ma era lui, dei due, a essere più freddo che mai.

Sembrava quasi deluso da Épicène. Un giorno Dominique gli chiese se per caso avesse preferito un maschio.

– Assolutamente no – rispose. Non stava mentendo, era evidente. "E allora perché nostra figlia sembra deluderlo?" Épicène possedeva tutte le qualità che si possono desiderare per un bambino: affettuosa, bella, intelligente, vivace, allegra. "Se non vuole bene a lei, non vorrà bene a nessun figlio avuto da me" fu la sua conclusione.

Dominique pensava spesso al ragazzo gentile di cui si era innamorata quattro anni prima. Che cosa gli era potuto capitare perché cambiasse fino a quel punto? Era certa che la metamorfosi avesse qualcosa a che fare con il lavoro: tante responsabilità, tante angosce, una carriera strabiliante in ballo. "Non c'è nulla di cui dispiacersi" pensò. "Bisogna gioire del successo di cui è così fiero, costi quel che costi. È lui che ha voluto tutto questo, e ha scelto me per stargli accanto."

A volte si chiudeva in camera con la boccetta di Chanel N° 5 che ormai non osava più portare. E respirava il profumo del tempo in cui era ancora possibile ubriacarsi d'amore.

All'età di cinque anni, Épicène seppe di non volere bene a suo padre. Non fu una rivelazione, ma la prima formulazione di una verità che era germinata in lei uno o due anni prima.

Ciò che le mise la pulce nell'orecchio fu – come spesso succede nel caso di una scoperta intellettuale – una conversazione con la madre. Quest'ultima andava a prenderla all'asilo tutti i giorni e ogni volta tornavano a casa a piedi chiacchierando. La mamma le chiedeva cosa avesse fatto e la piccola raccontava dei disegni, degli adesivi colorati, delle canzoni e dei giochi. La conversazione finiva sempre con questa domanda di Épicène:

– Papà è a casa?

– No.

La risposta procurava immancabilmente alla bambina un piacere nascosto. Sentiva che non sarebbe stato educato mostrare la propria gioia. Ma era profondamente felice di sapere che nell'appartamento sarebbe regnata la dolce tranquillità del mondo senza papà.

Dominique, credendo di vedere della tristezza nella simulazione della figlia, era completamente fuori strada. Un giorno, si sentì in dovere di dare spiegazioni:

– Vedi, papà lavora. È riuscito a mettere in piedi una società importante, paga lo stipendio a un sacco di gente. Non è colpa sua se non ha tempo per giocare con te.

La mamma non si era accorta di nulla? Così sembrava. Meglio lasciarla nella sua illusione.

In fin dei conti, come avrebbe mai potuto desiderare Épicène di passare più tempo con quell'uomo irascibile che apriva bocca solo per dire cose sgradevoli? Si ricordò di un'epoca lontana in cui la presenza del padre ancora faceva nascere in lei un'attesa: una volta portati a termine tutti i suoi impegni, sarebbe venuto a prenderla in braccio, a sorriderle. E poi un giorno aveva capito che la sua era una speranza senza fondamento e non ne aveva provato dolore. Quel personaggio non aveva nessun interesse per lei, e lei altrettanto per lui.

Tanto meglio, a casa non c'era mai, o comunque molto poco. La mamma occupava uno spazio enorme, era onnipresente, bella e buona, le voleva bene. Il mondo per Épicène era perfetto così.

Un pomeriggio, mentre tornavano insieme da scuola, la mamma annunciò felice:

– Sarai contenta, tesoro mio. Oggi c'è papà ad aspettarci!

– Non è in ufficio? – chiese la bambina.

– No, lo stanno imbiancando, e allora si è portato il lavoro a casa. Ti fa piacere?

– Molto.

Era la prima volta che una bugia le costava tanto sforzo. La mamma ci cascò in pieno.

Mentre faceva merenda in cucina, Épicène cercò di ignorare la voce del padre che in soggiorno stava parlando al telefono con qualcuno. Le fu ahimè impossibile non notare che nel rivolgersi allo sconosciuto aveva abbandonato il suo tono abituale: charme, calore, frequenti scoppi di risa – doveva stare proprio simpatico a papà quel Gérard!

– Spero di incontrarla presto, Gérard. Porti i miei saluti a Patricia. Arrivederci, buona giornata.

Appese.

– Tesoro mio, siamo tornate! – disse la mamma.

Nessuna risposta.

Improvvisamente Épicène vide comparire il padre davanti a lei. Le lanciò uno sguardo così contrariato che per poco non si strangolò con il suo biscotto. Sentendosi di troppo, filò in camera sua chiudendo per bene la porta.

Si sedette sul letto e sentì nella testa la propria voce interiore dire:

"Non voglio bene a papà."

Saperlo era una cosa, dirlo un'altra, radicalmente diversa. Malgrado la calma e l'assenza di stupore, quelle parole producevano un effetto inimmaginabile. La rivelazione portava a una realtà superiore, diventava un vero e proprio monumento dello spirito. "Non voglio bene a papà." Perfino il suono grottesco – apapà – determinava l'enormità della constatazione.

Da lì in avanti la vita sarebbe stata diversa. Sebbene non provasse alcuna vergogna, Épicène sentì che avrebbe dovuto tenere per sé quell'apapà, come un dogma che il mondo non era ancora pronto a ricevere. Perché avere rimorsi per il fatto di non voler bene a chi non ce ne vuole? La questione non meritava che ci si emozionasse.

Curiosamente mamma voleva bene a papà. Non lo aveva detto a Épicène ma si sentiva, si capiva. Mamma aveva, nel rivolgersi a papà, una voce piena di deferenza, uno sguardo intenso e gesti attenti. Papà, che non condivideva il suo turbamento, non faceva mai caso a quei modi. Se Épicène avesse dovuto definire cosa il padre provasse per la madre, avrebbe detto che la sopportava – a condizione che parlasse poco e che esistesse il meno possibile.

E con lei? Sopportava anche lei? Non ne era così sicura. Le rare volte che le rivolgeva la parola, era per dirle: "Sei insopportabile!"

Épicène era insopportabile quando giocava in salotto, quando cantava in camera sua, quando non mangiava, quando mangiava, quando manifestava entusiasmo.

La mamma non osava prendere le difese della figlia. Aspettava che papà se ne andasse e diceva: “Papà è nervoso per il lavoro.”

Oppure: “Papà è stanco.”

La bambina annuiva. Avrebbe voluto rispondere alla madre che non era un problema. Per quanto le importava di lui, quel tipo poteva dirle qualunque cosa. Se non usava quelle parole, era solo perché sapeva che la mamma si sarebbe dispiaciuta.

Si chiedeva spesso se tutti gli uomini fossero simili al padre. Quando andò alle elementari fece amicizia con Samia, l’unica della classe che non era scoppiata a ridere atrocemente quando avevano detto il suo nome durante l’appello. Samia la invitò a dormire da lei.

Fu un’esperienza incredibile. A casa di Samia niente era come a casa sua. Aveva una marea di fratelli e sorelle. Nell’appartamento c’era così tanta gente che Épicène ci mise un po’ a capire chi fossero i genitori di Samia. La madre preparava tutto il tempo un delizioso tè molto zuccherato. Quanto al padre, acciuffava spesso la figlia stringendola tra le braccia e la baciava tra mille parole affettuose. Poi diceva:

– Tu sei Épicène, l’amica di mia figlia. Qui sei a casa tua.

Quell’uomo era tanto caloroso e amabile quanto papà era glaciale e antipatico. D’altra parte a casa di Samia c’erano molti altri uomini, tutti diversissimi da suo padre. Épicène aveva avuto la sua risposta: no, gli uomini in generale non avevano niente a che vedere con suo padre.

Perché non aveva fratelli e sorelle come Samia? Sulla questione interrogò la madre, che sembrò terribilmente imbarazzata e dopo una lunga riflessione disse:

– È complicato. Avresti voluto avere un fratello o una sorella?

– No.

La mamma parve sollevata, e questa era la cosa che le importava di più. Aveva mentito, certo. Quando Samia le raccontava dei fratelli, quando la vedeva in mezzo a quella tribù di bambini, trovava che la sua vita fosse stupenda.

Dietro quel mistero doveva esserci papà.

Épicène si rivelò un'allieva eccellente. La mamma accoglieva la sua pagella con ammirazione.

– Hai visto, Claude, i risultati di nostra figlia?

Esasperato, papà firmava dicendo:

– D'accordo, ma non ha mica passato l'abilitazione a professore.

La bambina andò a guardare sul dizionario la voce "abilitazione".

A volte i genitori uscivano. Papà faceva a mamma sempre la stessa predica.

– Se ti domandano il nostro indirizzo di' che abitiamo vicino a place des Victoires, ok?

Épicène rifletté. Geograficamente non c'era nulla di inesatto. Perché sentiva allora che le parole di suo padre avevano qualcosa di sgradevole? Come chiederlo alla mamma senza ferirla?

Aveva otto anni quando le domandò perché bisognava nominare sempre la vicinanza con place des Victoires.

– Perché è chic – rispose lei sorridendo con un po' di imbarazzo.

La piccola comprese presto quanto fosse poco chic rue Étienne-Marcel. Place des Victoires riluceva di eleganza e bellezza classica, contrariamente alla loro simpatica via piena di negozi. Dunque papà aveva vergogna del suo indirizzo. Lo trovò ridicolo.

Épicène amava rue Étienne-Marcel. Era là che si trovavano la scuola, l'appartamento, la panetteria. La sua vita le andava più che bene. Avere un'unica amica era fantastico perché quell'unica amica era Samia. La mamma era meravigliosa, bastava ignorare papà. La bambina era bravissima in una particolare disciplina che consisteva nel dire al mattino "Buongiorno Papà" (far sentire la maiuscola) e nell'adattare la formula in funzione dell'ora in cui riappariva quell'individuo indesiderabile, senza mettere nella voce mai un'ombra di ironia e facendo finta di non accorgersi che quella cortesia non riceveva mai nessuna risposta.

La mamma sembrava soffrire della freddezza del marito nei confronti della figlia. Épicène avrebbe voluto rassicurarla mettendola a parte dei suoi pensieri più profondi, ovvero del fatto che non le importava proprio niente se suo padre si interessasse o meno a lei, ma sentiva che un discorso simile avrebbe turbato profondamente la madre.

Tutti erano d'accordo nell'affermare quanto un padre sia importante per una figlia. Samia raccontava all'amica che suo padre era l'unico uomo a cui voleva davvero bene perché era infinitamente superiore agli altri. La mamma ricordava spesso suo padre con tristezza, spiegando a Épicène quanto rimpiangesse di non averle ancora fatto conoscere quell'uomo così meraviglioso. Lei ascoltava perplessa tutte quelle considerazioni, guardandosi bene dal giudicare ma pensando che da parte sua non provava assolutamente nessuna delusione nei confronti del proprio padre. "Da lui non mi aspetto nulla" concludeva.

Se la madre non l'avesse amata, avrebbe desiderato di morire. Il padre non l'amava? Lei lo ricambiava con la stessa moneta, niente di più. Il suo segreto cinismo si spingeva ancora più lontano. Sapeva che era lui a provvedere ai loro bisogni materiali, a mantenerle; spesso quando la sua presenza le pesava troppo, lo guardava pensando: "Dacci i soldi e vattene!"

Ben presto, i genitori smisero di chiamare una babysitter quando uscivano. "Nostra figlia è talmente brava che si accudisce da sola" diceva la mamma. "Con la poca immaginazione che ha, non sarebbe neppure in grado di combinare pasticci" commentava il papà.

"Hai ragione, papà, non combino mai pasticci. Sono

troppo occupata a immaginarmi cose orribili su di te" pensava Épicène. Andava a dormire presto per riprendere dentro di sé il filo del suo racconto preferito: quello in cui il padre era investito da un camion mentre attraversava la strada e in cui un poliziotto contrito veniva ad annunciare alla mamma che papà era morto e che nella sua ventiquattrore erano state trovate tante di quelle mazzette di banconote da bastare per una vita intera. Il momento favorito della storia era quello in cui baciava la madre in lacrime e la consolava dicendole: "Da adesso in poi, mamma, mi occuperò io di te. Ti farò felice, vedrai." Nascondeva quindi in camera sua la ventiquattrore e andava regolarmente a prelevarne i soldi per portare la madre al ristorante o per comprarle dei vestiti.

Un giorno sentì una conversazione tra i genitori:

– Bisogna che traslochiamo prima che inizi le medie.

– Non la prenderà bene. Adora Samia, non vorrà lasciare questo posto.

– Sono tutte bambinate, Dominique. Quando abiteremo sulla *rive gauche*, avrà altre frequentazioni, dimenticherà Samia.

Il cuore le si gelò nel petto.

L'indomani, appena entrata in classe, buttò le braccia al collo di Samia, e la strinse forte:

– Non ti dimenticherò mai, Samia.

– Hai visto un brutto film in tv o cosa? Che ti prende?

– Volevo solo dirti che ti vorrò bene per sempre.

– Anch'io, Épicène. Smetti di parlare come se fossi sul punto di piangere, è ridicolo.

La bambina si rese conto di non avere mai attraversato la Senna. Chiese alla madre perché era tanto necessario andare a vivere dall'altro lato. La mamma, rispondendo, assunse la stessa aria imbarazzata di quando le aveva fatto quella domanda su place des Victoires:

– Perché è chic.

– Ed è una cosa così importante?

– Tuo padre ama tutto ciò che è chic, vuole che noi si viva in un quartiere chic.

– Potremmo trasferirci in place des Victoires allora.

– Non sarebbe sufficiente. Dall'altra parte della Senna ogni cosa è chic.

Sua madre adesso non andava più a prenderla a scuola, pensando che ormai fosse perfettamente in grado di tornare a casa da sola. Épicène camminò fino alla Senna e guardò l'altra riva con ostilità.

"Non voglio avere mai undici anni" pensò.

Ne aveva nove. Il tempo dell'infanzia obbedisce ad altre leggi. La sua densità è pari solo al suo senso del tragico. Sulla soglia di due interi anni di profonda gioia, Épicène sapeva che ne avrebbe assaporato ogni più piccolo minuto con voluttà. Quello che sarebbe successo dopo era per lei inimmaginabile quanto la morte.

L'ultimo anno delle elementari, la maestra terminava spesso la giornata leggendo ad alta voce un libro di mitologia. Gli allievi amavano molto quelle storie bizzarre e spesso grottesche che parlavano di dèi.

Un pomeriggio lei lesse il capitolo dedicato agli Inferi. Per arrivarci bisognava attraversare un fiume terribile da cui non si poteva più tornare indietro. Sull'altro lato iniziava il territorio abitato dai defunti. Quella storia trovò eco in Épicène.

– Un uomo soltanto ha attraversato quel fiume da vivo. Ha ottenuto il permesso di farlo perché era un poeta e perché era folle d'amore. La divinità gli aveva detto che avrebbe potuto portare via dagli Inferi la sua innamorata a condizione di non girarsi mai a guardarla. Ma lui non poté fare a meno di voltarsi e la morte si riprese la sua amata per sempre.

Épicène domandò a Samia se avesse già attraversato la Senna.

– Cosa c'entra con Orfeo ed Euridice? – chiese la sua migliore amica.

– Quando avrò undici anni andrò a vivere sulla *rive gauche*.

Samia annuì, quasi avesse compreso la gravità della situazione. Dopo la scuola le due bambine fecero il giro del Louvre per guardare il fiume.

– Parigi non sembra poi così diversa dall'altro lato – disse Samia. – Verrò a trovarti. Non cambierà nulla tra noi.

Épicène notò tuttavia che Samia non aveva risposto alla sua prima domanda. Attraversare la Senna restava di fatto una prova iniziatica.

Cercò informazioni su Orfeo. Essere poeta, a quel tempo – quale? difficile dirlo – non significava la stessa cosa di oggi. Un poeta recitava i propri poemi suonando la lira. Così poteva ricordarseli senza avere bisogno di scriverli. Per questo motivo i bambini dell'epoca non erano costretti a imparare poesie a memoria e a recitarle con espressione idiota davanti alla classe. Il poeta era allo stesso tempo il poema, la musica e il testo. Per passare alla posterità, doveva incontrare un altro poeta e trasmettergli la sua arte per contagio. Una poesia di successo aveva qualcosa in comune con un'epidemia. Il cattivo poeta era semplicemente un portatore di virus inoffensivi, non si attaccavano a nessuno.

Tutto questo era interessante, ma come riuscire a diventare un Orfeo moderno? Quale equivalente avrebbe potuto trovare Épicène oggi per una pratica così speciale?

– Ti dico che sono io, Orfeo! – le ripeté Samia.

– Ma se fai pena in recitazione.

– Orfeo le recite le avrebbe detestate.

In giugno, Claude acquistò un appartamento in rue de Bourgogne, nel VII arrondissement. Avrebbero traslocato durante l'estate. A settembre sarebbe cominciata la loro nuova vita.

Claude andò alla scuola di via Étienne-Marcel per

prendere il dossier scolastico della figlia. Passò dal cortile dove i bambini stavano facendo la ricreazione. Il caso volle che incrociasse Épicène e Samia mentre giocavano a hula-hoop. Si fermò per un istante e indirizzò alla figlia uno sguardo d'odio che inchiodò la bambina sul posto. Poi proseguì per la sua strada.

Quei pochi secondi non erano passati inosservati a Samia.

– Chi è quel tipo? – chiese.

– È mio padre.

– Tuo padre?

Épicène vide l'incredulità e l'indignazione negli occhi dell'amica. Seppe che era arrivato un momento importante: doveva parlare a Samia, doveva confessarsi, doveva spiegarle. Samia la fissò con insistenza. Épicène aprì la bocca per parlare e fu allora che si produsse il dramma.

Le parole non vennero.

La bambina non le trovò.

Più tardi cercò di spiegarsi quel fallimento. Ma le sue elucubrazioni a posteriori non risolsero il mistero. A dieci anni Épicène non era stata capace di dire alla migliore amica che suo padre era una brutta persona e che lei lo odiava.

Il suo silenzio durò per tre minuti, al termine dei quali Samia fece capire che non si aspettava più una risposta. Ricominciarono a giocare. La loro amicizia non si incrinò per questo, ma qualcosa rimase in sospeso.

Épicène detestò rue de Bourgogne. Non era tanto diversa da rue Étienne-Marcel se non per una certa atmosfera di severità che la bambina identificò con lo chic.

Il nuovo appartamento non era né più grande né più confortevole del precedente. Non si capiva bene dove stesse il suo supplemento di eleganza. Era una pura e semplice questione di linguaggio. Al telefono Claude non perdeva occasione di dire: "Mi passi rue de Bourgogne." Oppure: "Ho lasciato i documenti in rue de Bourgogne."

Sulla *rive droite* Épicène abitava a cinquanta metri dalla scuola. Le medie adesso invece stavano nel v arrondissement: bisognava andarci in metropolitana. In realtà era l'ultimo dei fastidi di quella nuova esistenza. La cosa peggiore era la lontananza di Samia.

Tornata da scuola Épicène si precipitava sul telefono per chiamare la sua migliore amica. Parlavano per ore. Più parlavano, più avevano cose da raccontarsi. Tra loro c'era in comune un punto fondamentale: l'odio per la scuola. Ognuna pretendeva che la propria fosse ancora più orribile di quella dell'altra. La cosa dava luogo a paragoni interminabili punteggiati da urla di disgusto, a espressione della loro profonda complicità.

I professori erano terrificanti, ma quasi umani in confronto agli allievi. Le due bambine facevano a gara di insulti per descrivere i rispettivi compagni. Épicène era sempre in vantaggio perché disponeva di un argomento politico: nella sua classe c'erano soltanto borghesi. La prima volta che utilizzò quel termine, Samia le chiese che cosa significasse. Rendendosi conto della difficoltà della definizione, Épicène finì per rispondere, imbarazzata:

– Sono persone come mio padre.

– Ah sì – disse Samia, come a misurare la gravità del problema.

Rifletté e poi riprese:

– E tua madre, è borghese anche lei?

– No – tagliò corto categoricamente Épicène.

– Quindi tu sei una meticcia borghese-normale?

– Io non sono una borghese, figurati. Le ragazze borghesi le riconosci facilmente: portano cerchietti per i capelli, vestiti orrendi e carissimi e non permettono ai vicini di banco di copiare da loro.

Una sera Claude notò che da quando avevano traslocato le spese telefoniche erano decuplicate.

– È tua figlia che passa tutto il tempo al telefono invece di studiare.

– Samia le manca così tanto.

– E non può farsi delle nuove amiche?

Dominique comprese benissimo ciò che il marito non aveva osato dire ad alta voce: "delle nuove amiche più *rive gauche*."

Quando Épicène chiedeva di andare a dormire da Samia, la madre rispondeva in modo elusivo:

– È lontano, tesoro mio. Domani hai scuola. Non può venire lei piuttosto a dormire qui?

Su questo punto era Épicène ad avere delle reticenze:

– Siamo lontani da casa sua e anche lei domani ha scuola.

– Si direbbe che non vuoi presentarmela. Spero che non sia perché ti vergogni di me.

– Ma no, mamma.

Era di suo padre che si vergognava.

Samia le dava spesso appuntamento in un caffè in rue Tiquetonne, dopo le lezioni. Quando si ritrovavano, erano abbracci senza fine. E non si lasciavano mai senza versare qualche lacrima.

– Sono sempre io ad attraversare la Senna per te, non è mai il contrario. Come vedi, Orfeo sono io.

– E allora tira fuori la lira e cantami un poema.

In storia Épicène imparò che Berlino era stata divisa in due nel giro di una notte e gli abitanti avevano perso per sempre la metà dei loro amici. Lo raccontò al telefono a Samia e concluse:

– Se ti perdessi ne morirei.

– E perché dovrebbe succedere?

Non si rese conto che la sua domanda provocava il destino.

Un pomeriggio in cui eccezionalmente Claude lavorava a casa, squillò il telefono. Épicène si precipitò, ma il padre alzò per primo la cornetta.

– Pronto? Ah sì, sei Samia, la figlia del fruttivendolo marocchino... Cosa? Tuo padre non è un fruttivendolo? Questa poi, esistono anche dei marocchini in Francia che non sono fruttivendoli? Aspetta, mia figlia è qui davanti a me, te la passo.

– Buongiorno Samia – disse Épicène.

– Ciao – le rispose una voce glaciale e irriconoscibile.

Lungo silenzio.

– Sai che c'è? Non ti parlerò mai più – riprese Samia. – E magari non porti i cerchietti per i capelli, ma sei comunque una borghese.

Riattaccò. Épicène conosceva abbastanza Samia per sapere che non sarebbe tornata sui suoi passi. Diede un'occhiata al calendario e pensò: "Il 19 novembre 1985 è il giorno della mia morte. Ho undici anni."

Se fosse stata una ragazza come le altre, sarebbe andata dal padre a gridargli il suo odio o dalla madre a chiederne conto. Épicène invece conservò le proprie urla nel cuore e si sdraiò sul letto per diventare la statua della ragazzina vitale che era stata.

Si ricordò il giorno di giugno in cui Samia aveva visto suo padre e in cui avrebbe dovuto spiegarle che uomo fosse. Dalle sue labbra mute sgorgarono le parole che non aveva trovato allora:

– Mio padre è un mostro. Mi odia da quando sono nata. Non mi uccide perché la legge lo vieta. Inventa mille altre maniere per uccidermi. Quello che non sa è che io lo odio. Lo odio ancora più di quanto lui odi me. E un giorno, non so come, lo ucciderò.

Se avesse detto tutto questo a giugno, Samia avrebbe capito e lei non avrebbe perduto la sua amicizia cinque mesi dopo. Épicène scoprì che si poteva morire per non aver pronunciato in tempo una parola salvifica.

Dominique, che aveva ascoltato lo scambio telefonico senza osare intervenire, era accorsa al capezzale della figlia.

– Tuo padre stava scherzando.

– Come no. Lo hai trovato divertente?

– Lui ha uno humour tutto suo.

– Samia non ha riso. Non vuole parlarmi mai più.

– È tua amica. Capirà.

– No, non capirà. E neanche io d'altra parte.

– Vuoi che la chiami?

– Samia ti riattaccherà il telefono in faccia.

– No. Vuoi che vada a chiamare tuo padre?

Épicène guardò Dominique con costernazione. "Voglio bene a mia madre, ma lei ama mio padre. La vita non è certo una festa" pensò.

– Non ho nulla da dirgli, mamma. Ho appena perso la mia migliore amica e lo devo a lui.

Quando Dominique se ne fu andata, la bambina si ricordò di quel tempo benedetto in cui pensava che un padre non avesse nessuna importanza. Quanto si era sbagliata! Adesso la verità le appariva in tutto il suo orrore. Il padre era la porta dell'esistenza: che si volesse entrare o uscire, bisognava comunque ottenere il suo lasciapassare. Se il padre era un mostro, la porta era condannata.

“Ho undici anni. Devo passarne altri sette in questa prigione. Come farò a resistere?”

Per tutta risposta un grande freddo si impossessò di lei. Esiste un pesce chiamato celacanto che ha il potere di spegnersi per anni se il suo biotopo diventa troppo ostile: si lascia vincere dalla morte aspettando le condizioni per la risurrezione. Senza saperlo, Épicène ricorse allo stratagemma del celacanto. Compì quel suicidio simbolico che consiste nel mettersi tra parentesi. Un assassinio invisibile molto più frequente di quanto non si creda. Dal momento che non viene riconosciuto per quello che è, lo si etichetta generalmente come un sintomo precursore dell’adolescenza.

Poiché la bambina si era appena immersa negli abissi, la madre tornò a essere il personaggio principale di questa storia. Raggiunse il marito e osò parlare con lui.

– Épicène ha perso la sua migliore amica per causa tua.

– A causa della mia battuta?

– Samia l’ha presa molto male.

– È un’idiota.

– Ha undici anni.

– Se rinuncia a nostra figlia per questo, significa semplicemente che non merita di essere sua amica.

Dominique si sentì confusa. Non sapeva più cosa pensare e si chiese se il marito non avesse ragione. Claude fiutò l’occasione insperata di una riconquista.

– Tesoro mio, queste bambinate non ci riguardano. Ti porto da Chanel.

Tesoro mio. Chanel. Da quanto tempo non aveva sentito pronunciare quelle parole magiche? L'incanto che aveva creduto ormai spento, riprendeva vita. Decise di lasciarsi andare senza riflettere.

Da Chanel Claude scelse lui stesso il tailleur per la moglie. Le commesse mostravano i modelli a lui per primo. Ogni volta che Dominique usciva dal camerino, sentendo su di sé lo sguardo penetrante del marito, si sentiva percorrere da un fremito.

Se avesse avuto la lucidità di guardare in fondo agli occhi di Claude, si sarebbe accorta che contenevano un fantasma. Ma aveva talmente tanta sete d'amore che preferì ignorare quella presenza.

– Hai la stessa taglia di quando eri ragazza, tesoro mio – le disse lui. – Ti va tutto a meraviglia.

Il bruto che le aveva rimproverato la sua magrezza dodici anni prima era scomparso. Dominique aveva ritrovato l'uomo affascinante e seducente di cui si era innamorata. Non riusciva a capacitarsi di quel miracolo e rideva di gioia.

– Sei così bella che non posso accontentarmi di un solo tailleur. Signorine, compriamo il rosso, il nero e quello pied-de-poule.

Mentre le commesse impacchettavano gli acquisti, Claude vide la moglie guardare i profumi con aria sognante.

– Per favore, aggiungete anche una boccetta di N° 5.

Dominique scoppiò in singhiozzi.

– Scusatemi, sono ridicola – balbettò sorridendo attraverso le lacrime, senza accorgersi dell'irritazione del marito.

Cominciò una nuova vita. La coppia prese a uscire quasi tutte le sere.

– Voglio che Parigi conosca la tua bellezza – disse Claude.

La moglie assaporava quello che credeva un ritorno di fiamma. Non amava affatto le cene mondane, e tuttavia provava una certa ebbrezza nel sentire che il marito aveva bisogno di mostrarla in pubblico. Si offriva agli sguardi degli altri, sperimentando il curioso erotismo di riempire d'orgoglio l'uomo che amava. Era lontano il tempo triste di rue Étienne-Marcel, quando Claude le proibiva di parlare in pubblico. A quell'epoca, uscire rappresentava per lei un dovere e un'umiliazione. Non appena apriva la bocca, il marito la fucilava con gli occhi. Adesso non perdeva occasione per metterla in risalto.

"Cosa sta succedendo?" si chiedeva Dominique. Avevano quarant'anni: doveva essere questo. Un tempo guardava a quell'età con terrore. Come si era sbagliata! Per la prima volta in vita sua aveva l'impressione di vivere davvero pienamente. Sua figlia, brava e autonoma, non aveva bisogno di alcuna attenzione. Suo marito, liberato dall'angoscia di far carriera dal momento che aveva raggiunto i propri obiettivi e consolidato la sua posizione, si godeva adesso il trionfo, e invitava al banchetto della vittoria una sposa non più preda delle proprie paure.

Pur richiamando per assonanza il periodo di isolamento che deve rispettare una persona contagiosa, la quarantina rivelava adesso la sua verità, che Dominique trovava sublime: a quarant'anni si raccolgono i frutti delle proprie fatiche. Spesso si osservava allo specchio: nessuna ruga, una silhouette perfetta, non un capello bianco e soprattutto, negli occhi, una luce nuova, quella della fiducia.

Claude ormai condivideva con lei i progetti e le chiedeva di aiutarlo. Dominique era al settimo cielo. Così un giorno lui le disse che voleva entrare in rapporti con un certo signor Cléry, pezzo grosso di una delle più importanti società di elettronica. Per ragioni che le sfuggivano, fare affari con quell'uomo importante costituiva il culmine della carriera di Claude.

– Ma è inavvicinabile. Mi sono iscritto al suo club sportivo e non sono neppure riuscito a intravederlo. Entrare nella sua cerchia di amici è al di sopra dei miei mezzi.

– Dirigi Terrage Paris da più di dieci anni. Non ti basta chiamarlo e invitarlo a cena?

– Ahimè no, tesoro mio. La famiglia Cléry è l'equivalente moderno del salotto dei Guermantes. Dettaglio divertente: quell'uomo ha tre figlie, di cui due frequentano la stessa scuola media della nostra Épicène.

– Come si chiamano le ragazze?

Claude aprì il *Who's Who.*

– Éléonore, nata nel 1973, e Caroline, nata nel 1975.

– Peccato non abbiano la stessa età di Épicène.

– E che differenza avrebbe fatto? Nostra figlia è talmente poco socievole – disse Claude.

– Non pensavo a questo, – dichiarò Dominique con gli occhi che le brillavano – ma alle riunioni dei genitori che sono sempre un'ottima occasione per fare conoscenza. Aspetta, lasciami pensare, tra quindici giorni c'è un incontro genitori-professori per tutte le classi. La madre delle bambine ci dovrà essere per forza. Perché esiste una signora Cléry, giusto?

Claude guardò nel *Who's Who.*

– Sì. Né morta, né divorziata.

– Se divento amica della signora Cléry ti può essere d'aiuto, no?

– Certamente! Pensi che sia fattibile?

– L'anno scorso non vi ho prestato molta attenzione, ma mi sembra che ci fosse un'atmosfera parecchio mondana, a quella riunione. Le donne erano elegantissime, quasi fosse una gara con le altre mamme. Quest'anno mi ci metterò d'impegno anch'io.

Entrambi scoppiarono a ridere.

La madre domandò alla figlia se avevano professori in comune tra la prima, la seconda e la terza.

– Sì, ce ne sono molti – rispose. – Storia, matematica, latino.

– Sai se Éléonore Cléry di terza e sua sorella Caroline di prima hanno scelto la sezione di latino?

– Mamma, non conosco nemmeno il nome delle mie compagne di classe, come pensi che possa sapere un dettaglio del genere?

Dominique sospirò. A dodici anni sua figlia era socievole quanto un mollusco nella conchiglia. D'altra parte non ci si poteva certo lamentare dei suoi risultati scolastici. E poi la rottura con Samia era avvenuta più di un anno prima! Épicène non poteva passare ad altro?

– Non c'è una foto della signora Cléry nel *Who's Who*? – chiese a Claude.

Non c'era.

– Non importa. Mi arrangerò.

Il giorno x, Dominique si vestì come per una serata importante e, al massimo dell'eccitazione, andò a scuola. C'erano varie file davanti alle porte su cui erano segnati il nome, la materia e la classe dei professori. Tra il gruppo di genitori che aspettavano il professore di storia di seconda e terza individuò una donna della sua età, molto elegante, ma senza che desse l'impressione di essersi vestita apposta. Non guardava nessuno, felice della sua solitudine. Dominique le si avvicinò più che poteva. "Se i Cléry sono i Guermantes di oggi, ho trovato la mia duchessa" pensò.

Cercò un pretesto per parlarle, e alla fine scelse il più stupido:

– È questa la fila per il professor Dasson, giusto?

– Sì, è di una lentezza esasperante!

La voce della donna, allo stesso tempo posata e disinvolta, la colpì.

– Sono qui per mia figlia che è in seconda.

– E io per la maggiore delle mie due, che è in terza. Le prometto che cercherò di fare in fretta.

– Che genere di uomo è?

– Pignolo, ma non cattivo. Ha lasciato passare la mia Éléonore l'anno scorso, malgrado dei voti, come dire, sconcertanti.

"È lei" giubilò Dominique.

– Mi scusi, non mi sono presentata, sono la madre di Épicène Guillaume.

– E io la madre di Éléonore e Caroline Cléry. Sua figlia si chiama Épicène?

– Sì, in omaggio a Ben Jonson, un contemporaneo di Shakespeare.

– Fantastico.

In quel momento una donna si intromise nella conversazione ignorando apertamente Dominique.

– Sa, abbiamo un problema enorme per la serata del 28...

Dominique si allontanò, non volendo avere l'aria di immischiarsi in affari che non la riguardavano. Avrebbe voluto uccidere quella donna che parlò con la signora Cléry fin quando non venne il suo turno di entrare dal professore di storia.

"Maledizione" si disse.

Quando uscì a sua volta dal colloquio con il prolisso Dasson, cercò ovunque la signora Cléry. Troppo tardi, l'uccellino era già volato via.

Lasciò la scuola con un senso di profonda sconfitta e tornò in rue de Bourgogne.

– Allora? – chiese Claude.

– Ho una buona e una cattiva notizia. La buona è che sono riuscita da subito a riconoscere la signora Cléry e a parlare con lei. Tutto andava per il meglio finché una donna non è venuta a monopolizzarla. Non ho potuto fare nulla. E dopo, si era volatilizzata. Ma nel poco tempo trascorso insieme, abbiamo simpatizzato.

– Com'è?

– Avevi ragione, è proprio la duchessa di Guermantes. Perdonami, tesoro mio, mi dispiace tanto.

Claude la consolò con tenerezza:

– Sei stata già bravissima, tesoro mio, a riconoscerla e a simpatizzare con lei.

– Ma ti rendi conto che dovrò aspettare altri dodici mesi perché si ripresenti una nuova occasione? Fanno questa riunione genitori-professori solo una volta all'anno.

– Alla nostra età un anno passa in fretta.

Aveva ragione, l'anno scolastico 1986-1987 passò con la rapidità di una serata mondana. Eppure Dominique continuò a pensare a quell'incontro in continuazione.

Quando arrivò finalmente la riunione genitori-professori per l'anno scolastico 1987-1988, Dominique era tesa come se ne andasse della sua vita. Individuò subito la signora Cléry nella fila per la professoressa di latino e superò sfacciatamente gli altri per raggiungerla.

– Buongiorno, signora.

– Buongiorno. Ah sì, lei è la madre di... aspetti... Ophélie?

– No, Épicène.

– Ma certo, Épicène. Come sta?

– Sono preoccupata – disse Dominique, che non aveva lasciato nulla al caso. – Épicène mi dà del filo da torcere.

– A chi lo dice! Le mie ragazze hanno una pagella pessima.

– La mia è la prima della classe. È il suo carattere che mi preoccupa.

– Ha tredici anni, giusto? Non deve stupirsi di nulla.

– Le assicuro, la sua non è una normale pubertà. Sembra quasi che Épicène faccia un'enorme fatica a vivere.

– Anoressia?

– No, non si tratta di questo. Non ha amici, nessuna vitalità. Tremo all'idea di cosa mi dirà la professoressa Caracala.

– Sua figlia va male in latino?

– No, al contrario. Ma la Caracala mi ha telefonato per dirmi che ci sono dei problemi.

– Di che si immischia quella?

– Ahimè, temo che abbia ragione – disse Dominique, talmente coinvolta nel tentativo di convincere la sua interlocutrice da farsi venire le lacrime agli occhi.

La signora Cléry sembrò commossa da quella fragilità.

– Vuole che la aspetti?

– Oh, sarebbe davvero gentile da parte sua – disse Dominique, che questa volta non dovette fare alcuno sforzo per sembrare molto emozionata.

Quando fu il suo turno entrò nella classe che quel giorno faceva da confessionale alla professoressa Caracala.

– Buongiorno, signora. Sono la madre di Épicène Guillaume.

– Ci avrei scommesso – disse l'imponente Caracala con voce minacciosa.

– Épicène mi somiglia così tanto?

– No, non le somiglia affatto. Ma basta un'occhiata per sapere che lei dedica molto più tempo al suo guardaroba che a sua figlia.

Interdetta, Dominique scoprì che le menzogne ingenue hanno sempre un valore profetico.

– Scusi?

– Épicène è un'adolescente estremamente brillante, una delle migliori allieve che abbia mai avuto. E lei la lascia in una situazione di profondo disagio psicologico.

– Cosa c'è che non va?

– Sua figlia è totalmente ripiegata su sé stessa, non rivolge la parola a nessuno e non sembra interessarsi a nulla. Durante le lezioni non interviene, a meno che non venga sollecitata, e soltanto allora è possibile accorgersi della sua stupefacente intelligenza.

– Sì, è timida.

– No, non è timida. Questa cosa non si chiama timidezza, cara signora. Questa cosa si chiama sofferenza. E lei, mentre sua figlia soffre, lei se ne va in giro per boutique a comprarsi vestiti.

Dominique scoppiò in singhiozzi.

– Sì, è proprio il caso di piangere – fece l'enorme Caracala con aria di disgusto. – Arrivederla, signora, non ho altro da dirle.

L'infelice uscì dalla classe nascondendo le lacrime

come poteva. La signora Cléry, che la stava aspettando, la prese subito sottobraccio, per allontanarla dagli sguardi dei curiosi. Dominique le raccontò dell'orribile accoglienza che le aveva riservato la professoressa di latino.

– Che mostro di donna! – gridò la signora Cléry. – Certo, lei difficilmente la si può incontrare in giro per le boutique, lì i vestiti della sua taglia non li hanno affatto.

Dominique sorrise tra le lacrime.

– Non ha alcun diritto di parlarle in quel modo.

– Purtroppo ha ragione. Ha solo detto la verità. Sono una pessima madre.

– Ma no, mia cara. È così difficile essere madre di un'adolescente. Io ne ho tre, so di cosa parlo.

– Mia figlia vive davvero un disagio profondo. Non so che fare e alla fine non faccio assolutamente nulla.

– Ma cosa si può fare con delle ragazzine di cui non riusciamo a capire i problemi?

Dominique raddoppiò i singhiozzi: si sentiva punita di aver recitato, all'inizio, per attirare l'attenzione di quella donna.

– Non posso lasciarla in questo stato. È venuta qui in macchina?

– No.

– Prendiamo un taxi. La riaccompagno a casa.

Durante il tragitto, la madre in lacrime si confidò parecchio. Raccontò della rottura di due anni prima con Samia.

– È stato allora che Épicène si è chiusa in sé stessa. Non ho preso quella storia abbastanza sul serio.

– Sì. A quell'età le grandi amicizie sono importanti quanto un matrimonio.

– Quindi lei trova che io sia una cattiva madre?

– Affatto. Lei fa del suo meglio, è evidente. Mi può lasciare il suo telefono? A casa ho numero e indirizzo di un bravo psicologo per adolescenti.

Dominique obbedì. Era una fortuna insperata. Prima di scendere dal taxi, ringraziò la sua nuova amica e la pregò di chiamarla per nome. La signora Cléry sorrise e rispose:

– Ma certo, Dominique. Io mi chiamo Reine.

Arrivata a casa, Dominique cercò di ricomporsi. Entrò in camera di Épicène e le raccontò l'incontro con la professoressa Caracala.

– Che razza di idiota!– esplose la ragazzina, che detestava ci si preoccupasse per lei.

– È vero che non rivolgi la parola a nessuno, tesoro mio?

– Dal momento che nessuno mi interessa, non parlo con nessuno. Il giorno in cui qualcuno mi interesserà, parlerò con lui. Va tutto bene, mamma, ti assicuro.

Un po' rasserenata Dominique attese il ritorno del marito. Così come non aveva raccontato alla nuova amica le circostanze della rottura tra Épicène e Samia, nascose a Claude lo stratagemma a cui aveva fatto ricorso nel pomeriggio. Gli disse però di essere stata riaccompagnata in taxi in rue de Bourgogne.

– È una donna molto bella, sai? Distinta, un gran fascino. E ha un nome che le sta a meraviglia: si chiama Reine.

– Ah bene – commentò lui con espressione assente prima di aggiungere abbracciandola: – E dire che sei una perfetta intrigante e io non lo sapevo.

– Non ti vedo troppo interessato. Ma d'altra parte, per incontrare il marito bisogna cominciare dalla moglie. Ti giuro che presto finiremo per essere invitati a casa loro – dichiarò Dominique con tono eroico.

– Non ne ho il minimo dubbio, tesoro mio – rispose lui.

L'indomani Dominique si sedette sul divano accanto al telefono e non si mosse fino a quando non iniziò a squillare.

– Dominique, sono Reine. Come sta?

– Non sono riuscita a dormire granché.

– Povera cara, dimentichi quell'orribile Caracala. È un orco. A me ha detto che le mie figlie potevano aspirare al massimo a fare le cassiere da Prisunic, vista la natura delle loro preoccupazioni.

– Che cosa orrenda – disse Dominique, la cui madre era stata cassiera da Prisunic prima di sposarsi.

– Ho ritrovato numero di telefono e indirizzo dello psicologo per adolescenti di cui le parlavo ieri.

Dominique prese nota e per paura che Reine mettesse fine a quello scambio, le confidò la conversazione della sera prima con la figlia.

– È abbastanza rassicurante, no?

– Non lo so. Épicène è un segreto per me.

– Non crede che i risultati scolastici siano i migliori indizi possibili?

– Ne ero convinta fino alle accuse della professoressa Caracala. Adesso provo vergogna. Questa mattina non ho neppure osato vestirmi. Sono ancora in vestaglia.

– Perché?

– Appena mi viene in mente qualcosa da mettermi, vedo la Caracala che mi rimprovera per il lusso dei miei vestiti.

Reine scoppiò a ridere.

– Vuole che venga per aiutarla a scegliere?

– Lo farebbe davvero?

Un'ora più tardi Reine sbarcava in rue de Bourgogne.

– Mi sento talmente ridicola.

– La smetta, è divertente invece. Mi faccia vedere il suo guardaroba.

Dominique aprì l'armadio.

– Non c'è nulla di cui vergognarsi – disse Reine. – Io ho quindici volte più abiti di lei. Bella questa gonna. Un po' da sera, forse. Ecco, questi pantaloni sono perfetti. E adesso qualcosa per sopra, qualcosa di nero, molto semplice. Ce l'ha?

Nulla di quanto passava in rassegna sembrò soddisfare Reine.

– Andiamo da me. Ho quello che fa per lei.

Un taxi le condusse sulla Montagne Sainte-Geneviève. L'appartamento dei Cléry dava sul Panthéon. Dominique ebbe l'impressione di entrare in un *sancta sanctorum*.

Il guardaroba di Reine occupava un'intera stanza. Il regno dello chic nel suo inimitabile disordine. Con autorevolezza la padrona di casa tese all'invitata una blusa di lino.

– Avevo ragione, le sta d'incanto. Gliela regalo.

– Ma poi la rimpiangerà, non le piace? – protestò Dominique.

– Certo che sì. Non vorrà che le offra un capo a cui non tengo?

Presero un caffè in soggiorno. Dominique era ipnotizzata dalla vista sul Panthéon.

– Abito qui da vent'anni e proprio come lei sono ancora affascinata dal panorama. Le mie due figlie più grandi vanno al liceo Henri IV, qui accanto. Jean-Louis e io abbiamo dovuto far ricorso alla questione della scuola di zona, perché né l'una né l'altra avevano una media sufficiente per accedervi.

– Mio marito è ossessionato dall'idea che Épicène frequenti l'Henri IV.

– Entrerà senza problemi, visti i voti. Se le nostre figlie potessero diventare amiche e scambiarsi una parte delle loro rispettive qualità, sarebbe meraviglioso. Le mie sono molto socievoli, ma non hanno la minima voglia di studiare.

– Le nostre figlie non diventeranno mai amiche.

– E perché mai?

– Perché noi due lo stiamo diventando. E quindi, se le nostre figlie dovessero incontrarsi, si detesterebbero.

– Teoria interessante. Verifichiamola.

L'indomani Dominique portò la figlia a fare merenda a casa della nuova amica. Quando vide l'adolescente, Reine trasalì.

– Come le somiglia! – disse alla madre che aveva notato il suo shock. – Buongiorno, Épicène.

– In realtà pare che somigli molto anche al padre.

Mentre veniva servito il tè, la ragazzina si guardava intorno con grande curiosità. Era affascinata in particolar modo dalla padrona di casa: la divorava con gli occhi senza provare neppure a nasconderlo. Ma non appena arrivarono le tre figlie dei Cléry, Épicène rientrò nel suo guscio.

Dominique rimase estasiata dalle ragazze:

– Tre copie conformi della madre!

Florence, sedici anni, Éléonore, quattordici anni, e Caroline, dodici, rivaleggiavano in bellezza e splendore. Tentarono di convincere Épicène ad andare in camera loro, ma dovettero scontrarsi con il più malmostoso dei rifiuti. Le adolescenti non insistettero e si volatilizzarono in un baleno.

– La sua teoria si sta rivelando esatta – dichiarò Reine.

Cominciò l'anno più incredibile della vita di Dominique. La sua nuova amicizia continuava ad approfondirsi. E più Reine le manifestava il suo affetto, più Claude faceva a gara moltiplicando i complimenti nei suoi confronti.

Dominique passava quasi tutte le sue giornate con Reine e quasi tutte le serate a raccontare al marito cosa avevano fatto insieme.

"Come è gentile ad ascoltarmi con tanto interesse! Non vedo come le mie storie possano interessargli" pensava. In realtà gli nascondeva la cosa più importante. Le stava succedendo quanto di più eccitante possa accadere nella vita di una persona: era stata sedotta. Anche Claude l'aveva sedotta e a Dominique era piaciuto moltissimo, per i pochi giorni che era durato. Con Reine la seduzione sembrava non avere mai fine.

La nuova amica aveva una capacità inesauribile di distillare fascino. Con ogni evidenza non si trattava di una tecnica. Reine utilizzava la più naturale delle magie. Quando, al termine di una spedizione in città, le due donne rientravano nell'appartamento di Montagne Sainte-Geneviève, la padrona di casa stappava una bottiglia di champagne dicendo che il Deutz era il suo tè preferito. Le bollicine rendevano il loro cuore ancora più leggero e Dominique vedeva letteralmente le scintille crepitare nella conversazione dell'amica. Se ne lasciava impregnare, assaporando quella doppia ubriacatura in un unico istante dorato.

Come avrebbe potuto raccontarlo a Claude? Le mancavano le parole per esprimere quello stato di grazia. In più lui avrebbe potuto travisare e vedere qualcosa di colpevole là dove, ne era sicura, non regnava che la delizia di una profonda confidenza.

Sta di fatto che si svegliava ogni mattina provando la gioia impaziente di ritrovare Reine, e che ritornava a casa ogni sera con la voglia di gettarsi tra le braccia del marito per condividere con lui la sua felicità.

L'unica ombra in questo quadretto idilliaco era l'eterna atonia della figlia.

– Non si preoccupi, è l'età – disse Reine.

– Né io né lei eravamo così a quattordici anni.

– Né io né lei avevamo dieci in latino, dieci in matematica e la media del nove in tutte le altre materie.

Dominique non chiedeva altro che di lasciarsi rassicurare. Voleva assaporare appieno ogni più piccolo istante che quella vita riusciva a donarle. Quanto amava le confidenze di Reine! Quest'ultima le raccontava come le pesasse ricevere gente così spesso.

– Jean-Louis dice che è molto più chic invitare le persone a casa che al ristorante. Ha ragione, ma che stress! Anche se mi faccio aiutare, è sempre e comunque faticosissimo. Alimentare le conversazioni, avere l'aria estasiata nell'accogliere gente di una noia mortale, non sbatterli tutti fuori quando ho voglia di andare a dormire e sapere che, come ringraziamento, saremo invitati da loro per una serata identica alla nostra, è il prezzo da pagare per la mia bella vita.

– Dicono tutti che lei è una perfetta padrona di casa.

– E che cambia? Si può tranquillamente detestare qualcosa che ci riesce a meraviglia.

Al racconto di quella conversazione, Claude si fece di cattivo umore.

– Ha una bella faccia tosta a parlarti di cene a cui non ti invita mai! Ti ricordo che quando ti ho parlato dei Cléry, più di due anni fa, era nella speranza di frequentare il loro mondo.

– È ciò che sto facendo.

– E a me, quando mi invitano? Sta diventando imbarazzante.

Dominique impallidì: Claude aveva ragione. Il fatto che Reine potesse essere colta in fallo la indispose. Soprattutto, anche lei aveva una parte di colpa. Da quanto tempo aveva dimenticato che coltivava quell'amicizia per aiutare il marito?

L'indomani volle affrontare direttamente la questione con l'amica, ma la cosa si rivelò impossibile: Reine venne ad aprire non riuscendo a nascondere la sua gioia travolgente.

– Lei ha la patente? – le chiese di punto in bianco.

– Sì. Cioè, non guido da anni.

– Non si disimpara, lo dicono tutti. Io non so guidare, ho trovato la mia patente nell'uovo di Pasqua. Venga.

La trascinò nel seminterrato del palazzo che serviva da garage e le mostrò una Mini Cooper rossa.

– Che bella!

– Vero? È sua.

– Sta scherzando?

– No. Mio marito me l'ha regalata per il nostro primo anniversario di nozze. Non l'ho mai usata. Ho fatto intestare il libretto a nome suo: adesso le appartiene.

– Suo marito non ne sarà contento.

– Non si ricorda nemmeno di avermela regalata. La proviamo subito?

Impossibile rifiutare. Dominique si mise al volante, eccitatissima. Reine, sul sedile accanto, le tese le chiavi. Dominique mise in moto e tutto le tornò alla memoria. Si ricordò quanto le piacesse guidare. Lasciò il garage e si precipitò giù dalla Montagne Sainte-Geneviève, mentre l'amica le manifestava la sua gioia.

– Ma guida benissimo!

– Non posso crederci. Mi hanno sempre detto che guidare a Parigi è una follia.

– E infatti è così. Lo adoro!

– Dove vuole che la porti?

– Dove vuole. Basta che ci andiamo a tutta velocità!

Dominique scoppiò a ridere. Raggiunse il lungosenna, accelerò toccando picchi di velocità che stordirono lei quanto la sua amica. Come si sentiva giovane! Neppure a diciott'anni aveva provato una simile esaltazione.

Quando riguadagnarono il seminterrato del palazzo, si guardarono elettrizzate.

– Grazie, Reine! – gridò Dominique abbracciandola.

– Sono io che ringrazio lei. Non mi divertivo così dai tempi del liceo.

La parola liceo ricordò a Dominique i suoi doveri:

– Il suo dono mi crea ancora più imbarazzo dal momento che ho un piacere da chiederle.

– La ascolto.

– Ecco. Adesso mi prenderà in giro: mi piacerebbe tantissimo essere invitata a uno dei suoi ricevimenti.

Reine fece tanto d'occhi.

– Ma se sono mesi che le racconto di quanto sono noiosi.

– E io sogno di vivere questa noia insieme a lei.

– Lei è la persona più bizzarra che conosca. E poi non posso invitarla senza suo marito.

– Sarebbe un problema per lei?

– No.

Per una frazione di secondo Dominique vide passare un'ombra negli occhi dell'amica. "È perché l'ho colta in fallo" pensò.

– Ha le chiavi della macchina ed ecco quella del garage. Può prendere la Mini quando vuole.

– Grazie, grazie – ripeté Dominique che ancora non riusciva a crederci. – Ma la cosa che amo di più è guidare con lei. Ce ne andremo di nuovo in giro insieme, vero?

Reine annuì. Ma la sua gioia si era spenta di colpo. Sfogliò l'agenda.

– Il 26 gennaio è libera?

– Sì!

– Mi darà conferma se anche suo marito è disponibile?

– È superfluo, mi creda.

Quella risposta sembrò dispiacere a Reine.

– Mi perdoni. Il mio capriccio sembra irritarla – disse Dominique.

– Assolutamente no. Sarà divertente ritrovarci nel ruolo di mogli perfettamente educate all'arte del ricevere con grazia ed eleganza.

Era il 16 dicembre. Presto sarebbe stato Natale. L'idea di non vedere l'amica durante le feste rattristò Dominique, che non si accorse del tono disincantato e ironico di quell'ultima replica.

Quando annunciò la notizia a Claude, il suo viso s'illuminò in un trionfo smisurato. Dominique lo mise in conto al complesso di inferiorità che aveva sempre percepito in lui. Perché lei trovava così commovente una cosa tanto stupida?

– Complimenti, tesoro mio! Siamo una squadra diabolica, io e te.

Quell'apprezzamento la scombussolò.

Agli inizi di gennaio, Dominique ritrovò l'amica. Quest'ultima le sembrò meno leggera di prima. La serata del 26 sembrava preoccuparla:

– Saremo troppo numerosi per una cena classica. Organizzerò un buffet.

– Eccellente idea.

Perché aveva l'impressione che Reine la guardasse come se fosse stupida? Non osava dirle che era felice di presentare il marito a quel bel mondo. Sarebbe stata la sua vittoria.

– Cosa posso portarle?

– Nulla.

– Ma insomma, non posso certo venire a mani vuote
– Dei fiori, allora – rispose lei con un'alzata di spalle.
Suo marito, a cui da lì in poi avrebbe raccontato ogni dettaglio sulla serata, disse che i fiori li avrebbe scelti lui.

La sera della festa Dominique si infilò la gonna che l'amica aveva così ammirato quando le aveva mostrato il suo armadio. Si abbinava perfettamente con la blusa di lino nero che le aveva regalato.

– Sei splendida, tesoro mio – disse il marito.

Dominique si disse che la sua ora di gloria era arrivata e si illuminò.

Un taxi li condusse in place du Panthéon. Claude sembrava molto emozionato. Dominique si congratulò con lui per il magnifico mazzo di camelie rosse che aveva comprato.

Un maggiordomo prese i loro cappotti e li accompagnò nel salone. Reine si alzò per accoglierli.

– Buonasera, Dominique. Oh, che splendide camelie! Grazie!

– Buonasera, Reine. Mi permetta di presentarle Claude, mio marito.

Si salutarono con esagerata cortesia, mentre Jean-Louis venne a stringergli la mano. Era la prima volta che Dominique lo vedeva, le fece una grande impressione. Poi Jean-Louis salutò suo marito in modo talmente neutro da rasentare la freddezza.

Servirono loro una coppa di Deutz cuvée Amour.

– È il migliore champagne del mondo! – gridò Dominique.

Jean-Louis le sorrise come a una bambina. Lei si chiese se avesse detto una stupidaggine.

Reine la presentò agli altri invitati e Dominique si mise a chiacchierare. Quelle persone le sembravano molto affascinanti ed era fiera di conoscerle. Mentre parlava, guardava l'amica. Com'era bella! Indossava un vestito di velluto cremisi che ne sottolineava la silhouette perfetta, aveva sciolto la sontuosa capigliatura che le scendeva fino alle reni. E con quanta naturalezza parlava a ognuno come se fosse la persona più importante della sua vita! Deliziosa e insieme disinvolta, ma sempre piena di attenzioni, alternava gravità e leggerezza in funzione della natura della conversazione.

"Complimenti, Reine! La serata è un vero successo" si diceva Dominique. Poi guardò il marito e trasalì. Che aria impacciata! Si vedeva benissimo che non era abituato. Fece per correre in suo aiuto, ma alla fine cambiò idea. Dopotutto lei si era dovuta arrangiare da sola per regalargli la serata dei suoi sogni, adesso che ci mettesse un po' del suo per farla decollare.

Servirono la cena a buffet. I Cléry non avevano scelto piatti appariscenti, caviale o foie-gras, ma dei classici di inaspettata semplicità: prosciutto di Parma tagliato al coltello a richiesta, un'immensa mozzarella da cui ciascuno poteva prendere una fetta e condirla con olio d'oliva, carciofi alla romana. Un'arte di raffinata naturalezza che Dominique ammirò moltissimo.

Mentre cenava chiacchierando con una simpatica vecchia signora, si rese conto di non vedere più Reine. Non si preoccupò. Ma al momento di andare a servirsi di nuovo, osservò che non era ancora ricomparsa.

"Che si sia sentita male? Forse è andata in camera sua" pensò inquieta.

Lasciò furtivamente il salone e passò per il guardaroba che comunicava con la camera da letto. Fu lì che sentì la voce di Claude e rimase, paralizzata, ad ascoltare:

– Lo sai che significato ha la camelia rossa nel linguaggio dei fiori? 'Lei è la più bella.' Sì, tu sei la più bella.

– Sei gentile. Se tornassimo di là per finire la cena? Hai mangiato a sufficienza?

Dominique non riuscì a capacitarsi di quel "tu". Reine dava del tu solo al marito e alle bambine.

– Non ho fame, e lo sai.

– Ci ho messo del tempo a capire che eri tu. Di Claude Guillaume, ce ne sono un bel po'. Quando ho conosciuto tua moglie ho fatto in modo che mi mostrasse il tuo appartamento, ma lì non hai lasciato alcuna traccia di te. Poi ho conosciuto tua figlia. E a quel punto non ho avuto più alcun dubbio. Ti somiglia tantissimo.

– È vero.

– Hai avuto una carriera impressionante. Complimenti! Sono fiera di te.

– Non lo avresti detto vent'anni fa, eh?

– Eri un vero punto interrogativo.

– A cui tu hai risposto con un no.

– Che importa? Hai comunque fatto la tua vita ed è magnifica.

– Non è la mia vita. Non sono io.

– Che stai dicendo?

– Quando mi hai lasciato, vent'anni fa, ho deciso di farti vedere quanto ti eri sbagliata. E così ho creato dal nulla il mio successo.

– Una rivincita, insomma.

– No, una vendetta.

– Non capisco.

– Per seguire le tue orme, sono diventato un uomo ricco e potente. Tu ti sei sposata, io mi sono sposato. Tu hai avuto un figlio, io ho avuto un figlio. Avrei voluto averne tre come te, ma non è stato possibile.

– In effetti bisogna essere in due per questo genere di decisioni.

– No. Ho scelto mia moglie proprio perché lei non esiste.

– Dominique non esiste?

– Quella donna non è nulla. È soltanto un pedone della mia scacchiera. L'ho scelta perché era sufficientemente bella per portarla in società e complessata il giusto perché potessi farne ciò che volevo.

– Come puoi sbagliarti così tanto su di lei?

– Se pure mi sbagliassi, non avrebbe alcuna importanza. Di lei posso dire quello che posso dire di tutta la mia vita, da vent'anni a questa parte. Non sono io. Il mio lavoro, non sono io. Il mio matrimonio, non sono io. Io non sono ciò che sono.

– Tua figlia, anche lei non sei tu?

– Hai ragione, quello è il mio punto dolente. Sono riuscito a fare tutto senza provare nulla perché non ero io. La più insignificante delle mie azioni era un messaggio indirizzato a te. Poi è nata mia figlia. Vedendola ho provato uno shock atroce. Senza rendermene conto avevo sempre pensato che mio figlio sarebbe somigliato a te. E non solo invece non ti somigliava, ma somigliava terribilmente a me.

– Somiglia anche a sua madre.

– Dal momento che sua madre non esiste, la cosa non mi disturba. Invece la somiglianza con me mi ha sempre profondamente infastidito. Mia figlia è il mio fallimento: non riesco a non provare nulla nei suoi confronti.

– Sì. Le vuoi bene.

– La detesto. E non sai quanto.

Ci fu un silenzio.

– Sei un mostro, Claude. Vent'anni fa eri un ragazzo gentile, non riesco a capire.

– Mi hai lasciato.

– E cosa c'entra con gli orrori che ho appena ascoltato?

– È la mia vendetta.

– Ma quale vendetta?

– Tu te ne sei andata perché Jean-Louis ti offriva una vita meravigliosa a Parigi. Volevo mostrarti che avresti potuto averla anche con me. E con me in più avresti avuto l'amore.

Reine scoppiò a ridere.

– L'amore? Con te? Con il mostro che mi ha appena raccontato tutti questi orrori?

– Hai lasciato un uomo che amavi per un uomo che non amavi affatto.

– Chi ti dice che io non amassi Jean-Louis?

– Tu non me lo hai mai detto.

– Non ero obbligata a dirtelo.

– Mi hai detto che lo sposavi perché era un buon partito.

– Solo una gentilezza da parte mia. Così avresti potuto detestarmi e poi dimenticarti di me.

– Come vedi, non è andata così.

– E come potevo sapere che tu fossi contorto fino a questo punto? Sentivo che in te qualcosa non andava, ma non avrei mai immaginato che fosse così grave. Quanto ho fatto bene a lasciarti!

– Vent'anni fa mi amavi. Non negarlo.

– Ti amavo. Eppure non ho mai voluto passare la vita insieme a te. Sentivo che non eri quello giusto.

– Tra un po' mi dirai che mi hai lasciato perché avevi intuito cosa sarei diventato.

– Non mi devo giustificare. Non ero obbligata a rimanere con te.

– Hai distrutto la mia vita.

– Dovevo sacrificarmi per te?

– Guarda cosa sono diventato.

– Quando ho saputo quanta strada avevi fatto, l'ho trovata una cosa ammirevole. Ora la trovo sordida.

– È tutta opera tua.

– Stai straparlando.

– Tutto quello che ho fatto, era per te.

– Era contro di me.

– Sì, vero.

– E tua moglie lo sa?

– No, ovvio. E anche su questo non fare tanto l'innocentina. Anche tu non le hai detto nulla.

– In effetti ci ho messo un po' per capire con chi si era sposata. E quando l'ho capito, mi è sembrato che fosse ormai troppo tardi.

– È perché anche tu volevi ritrovarmi.

– Se avessi voluto ritrovarti, ti avrei chiamato da tempo. No, se ho taciuto è perché avevo paura di perdere l'amicizia di Dominique. Ci tengo a lei.

– Lascia tuo marito. Vieni via con me.

– Ti sembra che ne abbia il desiderio?

– Io ti conosco. Sei come me. Hai modi educati, sai stare in società, ma in fondo io e te ci somigliamo. Tu sei senza scrupoli. Ricordati di come ti sei sbarazzata di me vent'anni fa. Questa sei tu. Una donna che è capace di un gesto così cinico, è capace di tutto. Fa' a Jean-Louis ciò che hai fatto a me.

– Perché? Per il piacere di vivere con uno spostato come te?

– Non m'importa se tu mi vedi così. Non esiste prova d'amore più incredibile di quella che ho compiuto per te.

– E tu chiami tutto questo 'amore'? Volersi vendicare di chi abbiamo amato? Soprattutto quando si scopre la natura della tua vendetta. Gli antichi sacrificavano bambini agli dèi per placare la loro ira. Tu hai sacrificato due persone, di cui una è tua figlia, e non sei neppure riuscito a placare la tua collera. E osi affermare che questo crimine esprime il tuo amore per me? I tuoi atti dicono una cosa sola: chi sei. Non sono io, hai detto. Come ti sbagli! Sei tu e soltanto tu.

– Tu sei fatta della mia stessa pasta.

– Neanche per sogno. E la prova è che voglio bene alle mie figlie e voglio bene alla tua. Come puoi non voler bene a un'adolescente così eccezionale?

– Finiscila. Mia figlia è stata il primo segno del mio errore. La tua reazione è il secondo.

– Non riesci a immaginare neppure per un istante che tua figlia possa avere una vita al di fuori di te? La vedi solo in rapporto a te? Sei proprio uno psicopatico.

– Comunque, non sono un ipocrita. Sì, detesto mia figlia.

– Si direbbe che tu sia fiero di te quando dici queste cose.

– Sono fiero di non nascondere nulla alla donna che amo. Ho capito di aver perso la partita. Non fa niente, la giocherò fino in fondo. Se occorre che uccida mia figlia con le mie mani per farti vedere di cosa sono capace per te, lo farò.

Quella frase agì come un elettroshock su Dominique. Fino a lì aveva ascoltato la conversazione in preda all'orrore. "Se avessi un'arma andrei a uccidere tutti e due e poi mi ucciderei" aveva pensato. D'un tratto, la sua unica preoccupazione fu di salvare Épicène.

Lasciò il guardaroba di Reine, raggiunse l'ingresso e recuperò il cappotto.

– Deve scusarmi con la signora Cléry, non mi sento bene – disse al maggiordomo.

Scese nel seminterrato, si mise al volante della Mini e

guidò a tutta velocità fino a rue de Bourgogne. Épicène stava leggendo l'*Iliade* in versione bilingue.

– Tesoro mio, ce ne andiamo via per sempre. Prendi con te l'essenziale.

L'adolescente reagì come se aspettasse quell'ordine da anni. Gettò in uno zaino i pochi ricordi della sua amicizia con Samia, l'edizione bilingue dell'*Iliade* e dichiarò di essere pronta.

Dominique nel frattempo si era cambiata.

– Sbrighiamoci, ho parcheggiato in doppia fila.

– Hai una macchina?

– Poi ti spiego.

Quando furono in autostrada, la madre disse alla figlia che sarebbero andate a vivere a Brest.

– Papà? – si limitò a domandare Épicène.

– È finita. C'è un'altra donna.

Di fronte all'espressione di estremo dolore della madre, la figlia capì che non bisognava chiedere altro.

– Andiamo dai miei genitori. Finalmente conoscerai il nonno e la nonna – disse Dominique.

– Lo sogno da sempre! – gridò l'adolescente.

Dominique pensò alle infinte volte in cui aveva rifiutato un invito dei genitori perché Claude, rivelando il suo complesso d'inferiorità, le aveva intimato di nascondere le sue origini così poco chic. "Come ho potuto obbedirgli?"

Lungo la strada si dovette fermare per gonfiare gli pneumatici. Né la madre né la figlia sentivano la stanchezza. Anzi, Épicène aveva l'impressione di svegliarsi da un sonno mortale durato parecchi secoli. Se non fosse stato per il dolore della madre, avrebbe provato una gioia perfetta: abbandonare suo padre, che godimento supremo! Sapere poi che si stavano dirigendo verso i confini del mondo la portava al culmine della felicità.

– Come guidi bene mamma, non sapevo avessi la patente.

– Lo avevo dimenticato.

Arrivarono a Brest alle 6 del mattino. Dominique parcheggiò la macchina davanti alla casa dei suoi. Le luci erano accese. Épicène si gettò tra le braccia dei nonni increduli per la sorpresa.

– Come sei bella, nipotina mia!

Dominique baciò i genitori e poi scoppiò in singhiozzi. Il silenzio che seguì fu più eloquente di mille spiegazioni.

– Vivrete tutte e due qui con noi – disse il padre.

Il 27 gennaio 1989 era un venerdì.

– Vado a cercarmi un lavoro – disse Dominique.

– Ma non sarebbe meglio che ti riposassi un attimo? – chiese la madre.

– Non riuscirei comunque a dormire.

Non appena Dominique fu partita al volante della sua macchina, Épicène chiese quale fosse la scuola superiore che aveva frequentato la madre.

– Il liceo Carnot, a duecento metri da qui.

– Vado a iscrivermi – disse

– Dubito che tu possa farlo – rispose il nonno.

– Alla peggio mi diranno di no.

La ragazzina entrò al liceo Carnot e dichiarò di volersi iscrivere. In segreteria non avevano mai avuto a che fare con un caso simile e chiamarono il preside.

– Sono la figlia di Dominique Rosec che ha frequentato il vostro istituto. Vorrei iscrivermi in prima.

– A metà dell'anno scolastico?

– C'è stata una tragedia familiare, mia madre ha lasciato mio padre. Siamo dovute fuggire, non ho con me il mio dossier di studente.

– E perché non è venuta sua madre a iscriverla?

– Mia madre in questo momento sta cercando un lavoro per provvedere a entrambe.

– Che scuola frequentava a Parigi?

Dopo aver dato le indicazioni necessarie Épicène si sedette e prese dallo zaino l'edizione bilingue dell'*Iliade*. Sprofondò nella lettura.

Il preside chiamò il liceo parigino dove gli fornirono informazioni stupefacenti su Épicène, che confermarono del resto la sua impressione. Chiese che il suo dossier scolastico fosse inviato a Brest e accompagnò la ragazzina nell'aula di prima.

Intanto Dominique aveva raggiunto la sede della società Terrage. Il suo ex principale la ricevette senza problemi.

– Ho lasciato mio marito – annunciò. – Suppongo che il lavoro sia cambiato in questi ultimi vent'anni, ma se accetta di riassumermi, imparerò.

– Direi che è il minimo che le dobbiamo – rispose il principale.

Vedendo la sua aria perplessa, spiegò:

– È stato grazie a lei che ho assunto Claude.

– Non capisco.

– Vent'anni fa, quando quel pivello di venticinque anni venne a illustrarmi il suo progetto parigino, avevo molti dubbi. Poi mi ha detto di essere il suo fidanzato. Il fidanzato della più seria tra le mie impiegate. È per questo che ho avuto fiducia in lui. L'incredibile successo di Terrage Paris è stato quindi possibile grazie a lei. Non lo sapeva?

– In che giorno ha avuto luogo questa conversazione?

Il principale cercò tra i suoi registri e rispose:

– Il 15 settembre 1970.

Dominique impallidì. Aveva incontrato Claude il 12 settembre. Il 15 settembre lui non aveva neppure ancora cenato con lei. In un lampo ricostruì il percorso mentale del marito: "Sabato 12 settembre incontra una povera allocca, fiuta l'affare e ottiene il nome della società per cui lei lavora. Lunedì 14 settembre chiede un colloquio con il principale e lo ottiene per il giorno dopo. Martedì 15 settembre è talmente sicuro di fidanzarsi con quell'idiota che lo annuncia al principale, ottenendo così la sua fiducia. In questa partita di poker io ero la sua unica carta buona. Ed è bastata."

– Tutto bene, Dominique?

– Sì. Un divorzio non è mai facile.

– Inizia lunedì. Christelle lavora ancora qui da noi, le spiegherà tutto.

Ritornò dai genitori completamente scioccata. “L’ho scelta perché era sufficientemente bella per portarla in società e complessata il giusto perché potessi farne ciò che volevo” aveva detto Claude a Reine. Aveva omesso però un piccolissimo, fondamentale particolare.

“Ero un libro aperto fino a questo punto?” A Claude era bastato osservarla ai tavolini di quel caffè, senza neppure rivolgerle la parola, per indovinare cosa avrebbe potuto ottenere da quella donna: tutto. Ivi compresa la sua carriera.

Poi le aveva parlato. Lei cosa gli aveva detto, quel 12 settembre 1970? Niente, appena un paio di sciocchezze. E dopo cinque minuti di conversazione lui le aveva annunciato che andava a Parigi per mettere in piedi una società, appoggiandosi unicamente a quei minimi elementi che lei gli aveva rivelato. La cosa superava di gran lunga qualsiasi mossa di poker.

E lei, negli anni difficili del loro debutto parigino, quando non era più così sicura di aver sposato l’uomo ideale, si ripeteva spesso che nonostante tutto bisognava riconoscere a Claude una riuscita professionale strepitosa. L’unica cosa che aveva continuato negli anni ad ammirare in Claude, lui gliela doveva interamente!

Certo, il giudizio andava sfumato. Lei era stata solo un “apriti sesamo”. Terrage Paris costituiva comunque un’autentica prodezza. Ma a far impazzire Dominique era il fatto che Claude non le avesse mai detto una parola sul suo stratagemma. Lei, che sarebbe stata volentieri sua complice, seppe che non gli avrebbe mai perdonato quella manipolazione.

"Cos'è questa bugia in paragone a quelle di cui hai scoperto l'esistenza ieri sera?" Una goccia d'acqua. Eppure fu proprio questa a far traboccare il vaso. Il senso di orrore di cui si sentiva intrisa dal giorno prima si trasformò in una collera ancora mai provata.

"Mi credi prevedibile, vero? Ti sbagli di grosso" pensò, chiudendo la portiera della macchina.

– Ho ripreso il mio lavoro da Terrage – dichiarò ai genitori.

– E dal liceo Carnot hanno chiamato per dire che la piccola è stata ammessa. Tornerà verso le 17 – disse il nonno.

– Voi due siete impressionanti, ciascuna a modo suo – disse la nonna.

Non le fecero nessuna domanda riguardo al fallimento del matrimonio. Dominique lo apprezzò. Provava un profondo bisogno di confidarsi, ma non con loro. Una persona soltanto poteva essere la sua confidente.

Quest'ultima tornò a casa nel pomeriggio, in preda all'entusiasmo.

– Adoro questa scuola – annunciò. – Nulla a che vedere con le ragazze-cerchietto di Parigi.

I nonni si rallegrarono di avere una nipote così positiva. Dominique, stupefatta di tale metamorfosi, portò l'adolescente in camera sua.

– Ti posso raccontare? – chiese con aria implorante.

– Certo, mamma. Speravo che lo facessi.

Dominique non seppe allora, né avrebbe mai saputo in seguito, se fosse stata una buona idea. Semplicemente seppe che era più forte di lei. Non omise alla figlia neppure un particolare dell'intima conversazione tra Claude e Reine che aveva ascoltato per sbaglio, né di quanto le aveva detto quel mattino il suo principale.

Épicène beveva ogni parola, gli occhi stranamente brillanti. Quando la madre finì di parlare, la piccola aprì finalmente la bocca:

– Che schifoso.

– Sono le 19. Ieri, a quest'ora, ero la donna più felice del mondo. E sai che cosa è peggio? Che mi dispiace aver scoperto la verità. Avrei potuto continuare a essere felice. È come se la mia vita fosse sprofondata in un incubo.

– Mamma, smettila! In questi ultimi tre anni avevi preso una brutta piega. Non riuscivo più a riconoscerti nella signora borghese in ghingheri che eri diventata. Avevo l'impressione di averti persa.

– Hai ragione, mi ero allontanata te. Perdonami.

– Non ho nulla da perdonarti. Eri caduta nella trappola di un essere ignobile. Complimenti, hai reagito in maniera eccezionale. Ti sei liberata di lui.

– No. Sono ancora prigioniera.

– Passerà. Divorzia!

– Oh no. Per divorziare dovrei riallacciare con lui. Non voglio vederlo mai più, né ascoltare il suono della sua voce.

– Mamma, se non divorzi non avrai nulla.

– Non voglio i suoi soldi.

– Non è questo il problema. È indispensabile punire quell'uomo. Ti rendi conto di cosa ha fatto a te e a me? L'impunità sarebbe insopportabile.

– Non avrò la forza di dovermela vedere di nuovo con lui, tesoro mio.

– Non c'è problema. Lascia fare a me. Divorzierò io al tuo posto.

– È impossibile.

– Vedremo. Prenderò contatti con un avvocato, tu dovrai solo firmare i documenti.

Dominique osservò stupefatta la figlia quattordicenne. Come risposta a quello sguardo Épicène disse:

– Io sapevo che mi odiava, e tu me l'hai confermato. Ma lui non sa che io lo odio ancora di più. Ho parecchio vantaggio su di lui.

– Quel che prova per te risale a quando sei nata.

– È una cosa che non si calcola in termini di tempo. Quanto alla tua amica, mi permetto di trovarla perlomeno bizzarra.

– Il suo tradimento mi ferisce profondamente.

– 'Tradimento' è una parola esagerata. Diciamo che con te ha avuto un comportamento ambiguo.

– Che cosa le costava dirmi la verità?

– Credo che volesse vedere fin dove Claude poteva arrivare. Che piano contorto! In ogni caso, che Reine ti serva di esempio: per due volte, vent'anni fa e ieri, lei gli ha tenuto testa. Perché tu non hai avuto lo stesso istinto?

– Perché altrimenti non avrei avuto una figlia così incredibile come te, tesoro mio.

"Poverina, lo pensa veramente!" si disse Épicène.

"Quanti anni dovranno passare perché io possa smettere di proteggerla?"

Dominique riprese la sua camera di ragazza. Épicène ebbe un autentico colpo di fulmine per la soffitta, in cui portò un letto e una scrivania. I nonni, per la felicità di non essere più snobbati, persero quindici anni in una notte.

Cominciò una nuova vita.

Ogni mattina Épicène andava a scuola e non tardò a diventare una figura emblematica. Eccelleva in tutte le materie e godeva di un'incredibile popolarità. Se qualcuno avesse detto ai suoi nuovi compagni che a Parigi quella ragazza non rivolgeva la parola a nessuno, non ci avrebbero creduto.

Quando tornava a casa, chiamava l'avvocato per seguire le varie fasi del divorzio, che stava prendendo una piega singolare. L'avvocato di Claude alla fine confessò:

– Il mio cliente se ne frega.

Épicène rispose che la cosa non la stupiva, ma che sua madre non era dello stesso avviso. Contattò Reine Cléry e nella maniera più neutra e naturale le chiese di testimoniare.

– Potete contare su di me – dichiarò lei.

Quando Dominique tornava dal lavoro Épicène le faceva firmare documenti che lei leggeva a malapena. Per l'inevitabile confronto in tribunale, la ragazza accompagnò la madre. Entrambe, nel rivedere Claude, ebbero uno shock: in otto mesi era cambiato al punto da diventare irriconoscibile. Quell'uomo pieno di superbia e di arroganza somigliava ormai a un relitto dallo sguardo spento. Quella che era ancora sua moglie distolse lo sguardo.

– Il divorzio ti dona – le disse lui. – Sei in forma smagliante.

– Il divorzio ci dona – rispose Épicène. – Anche io divorzio da te.

Alla fine Claude lasciò loro tutto quello che poteva. "Non siamo più di fronte a un divorzio per mutuo consenso," sottolineò l'avvocato "ma a un divorzio-testamento. Il mio cliente, in vita, vi nomina eredi del suo intero patrimonio."

In vita era troppo dire. Claude Guillaume non apparteneva più al mondo dei vivi. Aveva affidato la direzione di Terrage al suo vicepresidente, un uomo onesto e prudente che svolgeva a meraviglia il proprio ruolo.

Quando Dominique ed Épicène passarono da rue de Bourgogne per riprendere le loro cose, si ritrovarono nell'appartamento di un barbone in stato depressivo. Il padrone di casa con ogni evidenza lasciava il letto soltanto per aprire la porta al ragazzo delle pizze. Pizze che toccava a malapena, a giudicare dai cartoni aperti sparsi sul pavimento. Ne usciva un odore pestilenziale, ma Claude non sembrava provarne fastidio. Anche la loro momentanea intrusione non suscitò nessuna reazione, continuò a fissare il televisore acceso con lo stesso sguardo inespressivo.

Al momento di andar via, l'adolescente di quindici anni pensò che non avrebbe mai più rivisto il padre. Provò un profondo sollievo.

Per molti mesi Dominique non riuscì a smettere di rimuginare. Faceva alla figlia domande a bruciapelo del tipo:

– Il 15 settembre 1970, perché il mio principale non ha sentito il bisogno di verificare con me quanto gli aveva detto Claude?

– Perché Claude aveva ottenuto la sua fiducia.

– E Claude come poteva sapere che il principale non mi avrebbe fatto domande?

– Perché eri il tipo di ragazza chiusa a cui non si parla con facilità.

– Perché hai sempre la risposta pronta?

– Perché guardandola a posteriori la trama di questa storia è davvero scontata.

Non dicevano più "tuo padre" o "mio marito", ma Claude.

– In latino Claude significa 'zoppo'. Il contrario di qualcuno ben saldo sulle proprie gambe – chiosò Épicène.

Un giorno in cui Dominique continuava a tornare ossessivamente sulle solite domande, la figlia le disse di passare ad altro.

– Hai vinto il divorzio – aggiunse.

– Nessuno vince un divorzio. È sempre una sconfitta per tutti.

Épicène, che non era affatto di quell'avviso, cambiò argomento.

– Quale che sia la partita, tu comunque l'hai vinta.

– Come puoi pensarlo? Claude mi ha umiliata per vent'anni.

– No. Ti ha tradita. E tu eri troppo leale per poterti anche solo immaginare uno stratagemma così immondo.

– Fosse solo questo! Io lo amavo. Come ci si può riprendere dall'avere tanto amato qualcuno che ha fatto solo finta di amarci?

L'adolescente rifletté.

– Sii fiera di avere amato, mamma. La persona che ama è sempre la più forte. La prova: paragona come stai tu oggi a come sta Claude.

– Anche lui ama.

– Reine ha ragione: non è amore, è ossessione. Tu, che avresti tutti i motivi per vendicarti, non ci pensi neppure.

– Come sai che lo amo ancora?

– Ti conosco. Guarda quell'imbecille pronto a rovinare la sua vita intera per vendicarsi: ha perso tutto. Reine se ne frega, e lui non ha ottenuto nulla. Mentre tu, che ti sei sempre comportata in modo irreprensibile, adesso guardi il tuo nemico mordere la polvere.

– E il peggio è che non ne ricavo nessun piacere.

– Avresti davvero preferito che Reine lasciasse il marito per Claude?

– No! Povera Reine, le voglio troppo bene per augurarglielo.

Épicène sorrise della risposta. La madre quindi non era completamente persa. La ragazzina riprese:

– Tra un mese, tra un anno, ti sveglierai un mattino e ti accorgerai di non soffrire più.

– Come fai a sapere tutte queste cose?

Tra gli undici e i quattordici anni la bambina era morta per molti secoli. Quegli anni da celacanto le avevano fornito l'accesso agli archivi degli Inferi. Adesso che era tornata alla vita poteva richiamare quella memoria a suo piacimento. Si guardò dal dirlo e si accontentò di un'alzata di spalle.

"La persona che ama è sempre la più forte": Dominique rimase molto colpita dalla verità dell'affermazione di sua figlia. Sebbene fosse devastata da quanto aveva scoperto, sentiva in sé la potenza di un fiume in piena. A poco a poco si accorse che essersi allontanata da Claude le faceva bene. Durante gli anni in cui aveva vissuto con lui, era stata privata di una grande parte della sua energia, che adesso le veniva restituita.

Certi giorni si diceva: "Che cosa ne farò di tutto questo amore?"

I pretendenti non mancarono. Lei li respinse: non poteva obbligarsi a farseli piacere.

Per fortuna voleva profondamente bene a Épicène, bene che la figlia le restituiva con la stessa intensità. Si dimostravano poco quell'amore, ma lo sentivano dentro di loro in ogni momento.

Venne il giorno in cui Dominique disse ai genitori che ormai avevano i mezzi per affittarsi un appartamento.

– Te ne vuoi andare? – chiese il padre con inquietudine.

– Affatto. Ho solo paura di darvi fastidio.

– Tua madre e io siamo felicissimi della tua presenza e di quella della piccola.

Furono entrambe entusiaste all'idea di restare. Épicène aveva una vera passione per il nonno. Lui conosceva a memoria pagine e pagine di poesia e le recitava Victor Hugo con la sua voce roca.

"E dire che Claude si vergognava di aver sposato la figlia di un uomo del genere" pensava.

Dentro di sé l'adolescente sapeva che la sua battaglia contro il padre sarebbe stata molto più dura di quella che opponeva sua madre al marito. Dominique doveva trionfare sull'amore: praticamente aveva già vinto. Épicène doveva trionfare sull'odio: era un groviglio inestricabile.

Non avere più a che fare con l'uomo che odiava costituiva una grande vittoria. Ma, ahimè, anche se riusciva a scacciarlo dai suoi pensieri, ne sentiva troppo spesso la presenza dentro di sé. La notte le capitava di vegliarsi in preda a vere e proprie crisi d'odio: non soltanto non poteva riaddormentarsi, ma soffriva come se avesse il sangue intossicato.

Quando si è morsi da un serpente bisogna succhiare il veleno e sputarlo fuori. "Come fare quando i morsi sono dappertutto, dentro?" si chiedeva.

Épicène prese la maturità con il massimo dei voti. Nella sorpresa generale, si iscrisse al corso di laurea in anglistica dell'Università di Rennes.

– Perché l'inglese? – le chiesero.

– Perché è la lingua di Shakespeare, contemporaneo di Ben Jonson – rispose lei.

– È per il tuo nome?

– Proprio così.

La gente aveva l'aria di credere che si trattasse di un motivo un po' superficiale. Épicène pensava esattamente il contrario. Quale modo migliore di sfuggire al *tragic flaw* che la ossessionava, se non studiandolo alla fonte? Per quanto ne sapeva degli eroi elisabettiani, loro provavano sentimenti smisurati almeno quanto i suoi.

Gli anni di Rennes le piacquero molto. Adorava essere chiamata Épicène con tono di ammirazione da tutta la facoltà. Scelse il maggior numero possibile di corsi dedicati agli autori elisabettiani. L'opera che portava il suo nome non fu la sua preferita. Rilesse *Riccardo III* fino all'intossicazione.

I suoi compagni deploravano che una ragazza così bella fosse tanto inaccessibile. Anche lei ne soffriva. Quando era attratta da qualcuno, si sentiva trattenuta da una forza che la inchiodava al muro.

Scelse di laurearsi con un lavoro sul verbo *to crave*, dalla sua apparizione ai giorni nostri. I professori, scettici, tentarono di dissuaderla: "Con un argomento simile non riuscirà ad arrivare fino in fondo alla tesi." Épicène non si lasciò intimidire.

A un'amica che le chiedeva di quella strana ossessione, rispose:

– Quel verbo sono io.

– E qual è il tuo complemento?

– Eh, se lo sapessi!

La sua tesi lasciò gli esaminatori sbalorditi. Passò l'abilitazione per l'insegnamento a pieni voti. Tornata a Brest, trovò lavoro come professoressa d'inglese in un istituto tecnico superiore.

Dal momento che Épicène non sembrava desiderare altro, la madre non poté trattenersi dal chiederle:

– Davvero hai fatto tutto quello che hai fatto per ritrovarti qui?

– Mi piace il mio lavoro.

– E la tua vita ti piace?

– Non mi è ancora chiaro il suo scopo – rispose l'incarnazione del verbo *to crave*.

Un giorno in cui stava correggendo una pila di verifiche, ricevette una telefonata.

– Dominique? – chiese una voce rauca al limite dell'afonia.

– Sono Épicène – rispose lei. – Chi parla?

– Sono tuo padre.

Silenzio.

– Ti chiamo dall'ospedale. Ho un cancro ai polmoni. Buffo eh, io che non ho mai fumato.

– Volevi parlare con mamma?

– No. So che lei non acconsentirebbe. Volevo parlare con te.

– Ti ascolto.

– Ecco qui. Sono allo stadio terminale. Ne ho al massimo per un mese, più probabilmente per una settimana.

Tacque, sperando in una parola di compassione che non venne, e continuò:

– Vorrei rivederti.

– Perché?

– Non so. Ne sento il bisogno. Sono in ospedale. Non tardare.

Appese.

Quando la madre tornò dal lavoro, Épicène le raccontò.

– Un cancro ai polmoni! – esclamò Dominique.

– Vado a trovarlo.

– Sei sicura?

– Sono le ultime volontà di un moribondo. Non posso sottrarmi.

L'indomani la giovane ventiquattrenne prese il treno per Parigi. Erano dieci anni che non ci metteva piede. Durante il tragitto cercò di concentrarsi su cosa si aspettava nel rivedere Claude. Battaglia persa: la sua testa rifiutava l'ostacolo.

Un'infermiera la scortò fino alla camera.

– È suo padre? La metto in guardia, potrebbe rimanere scioccata.

"Se sapesse!" pensò Épicène.

– Signor Guillaume, ho una sorpresa per lei: c'è sua figlia – annunciò l'infermiera con voce dolce prima di andarsene.

Épicène si trovò davanti a un corpo scheletrico con il petto incapsulato in una specie di respiratore gigante che si sollevava e abbassava ritmicamente.

– Buongiorno, Épicène.

Non riuscì a rispondere.

– Sono dieci anni che non ti vedo. Come sei diventata bella! Sembri tua madre quando aveva la tua età.

Quelle frasi gentili non le ispirarono alcuna fiducia. Restò in silenzio.

– Che fai?

– Sono professoressa d'inglese. Ho passato l'abilitazione.

– Complimenti! È fantastico.

Era la prima volta che suo padre la elogiava per qualcosa. Si vergognò del piacere che provò davanti a quelle parole.

– Ho scritto una tesi sul verbo *to crave*.

– Puoi tradurmelo?

– Significa 'avere un bisogno disperato di'.

– *To crave.* Ma guarda, è il verbo della mia vita e non lo conoscevo. Eppure ne ho esplorato il senso in lungo e in largo.

La giovane donna nascose il proprio turbamento.

– L'inglese è una lingua incredibile – riprese Claude. – Una sola parola è sufficiente là dove noi soccombiamo a colpi di perifrasi.

– *And now, what are you craving for?*

– Più di nulla. Persino morire m'interessa poco.

– Allora, perché hai voluto che venissi?

– Per curiosità. Ho provato il desiderio al suo massimo grado e ho fallito. Un uomo che ha mancato il proprio obiettivo fino a questo punto non può impedirsi, sul letto di morte, di fare un bilancio. Di Terrage Paris me ne frego altamente. Quello che lascio su questa terra, la traccia del mio passaggio, sei tu.

– Tu mi odi.

– Parli di un tempo che non esiste più. È stato negli anni della mia vendetta.

– Come hai potuto vendicarti di una donna che amavi?

– Proprio per il tuo verbo inglese *to crave*. È così che la amavo, capisci? Quando mi ha lasciato il mio disperato bisogno di lei è rimasto. Per me, il modo di mantenere un legame privilegiato con quella donna è stata la collera.

– E non avresti potuto inventartene un altro?

– Evidentemente no.

– Ma allora, vendetta per vendetta, perché non l'hai uccisa?

– È questo che avresti voluto?

– Io non avrei voluto un bel niente, ma il crimine passionale potrei arrivare a capirlo.

– L'assassinio è troppo rapido. Non è abbastanza crudele. Volevo che soffrisse.

– Che fallimento!

– Lo so.

– E adesso, provi vergogna?

– Vergogna di cosa?

– Del male che hai fatto a mamma.

– Si è ripresa benissimo, mi pare.

– E del male che hai fatto a me?

– Ora che vedo il risultato no, non provo nessuna vergogna. Tu mi sembri una ragazza perfettamente a suo agio nella propria pelle.

– Non grazie a te.

Fu sul punto di parlargli delle sue crisi d'odio. Senza sapere perché, lasciò perdere.

– No, non provo vergogna – riprese lui. – E poi, a cosa servirebbe?

– A farmi stare meglio.

– Ah, perché tu credi a quelle cose lì? I rimorsi, che idiozia!

– La vendetta la trovi forse più intelligente?

– No. Ma la capisco.

– Quindi, se potessi, rifaresti tutto da capo?

– Voglio sperare che inventerei una vendetta più efficace.

– Non hai imparato proprio nulla. Guardami, anch'io ti ho odiato dal profondo del cuore, ma non ho mai alzato un dito contro di te. Morale della storia, chi è che adesso sta morendo di un cancro ai polmoni?

Claude rise:

– Sei proprio mia figlia.

– No. Semplicemente credo nell'idea di una giustizia immanente.

– E questo ti basta? – disse lui con un tono pieno di sottintesi.

– Il mio male viene da più lontano.

– È perché tu non ti fidi degli altri. Quando ti innamorerai alla follia, mi capirai.

– A causa tua sono incapace di provare quel tipo di amore. Non è degli altri che non mi fido, ma di me stessa. A causa tua.

– Un minuto fa sottolineavi quanto fossi diversa da me.

– Non sono la tua copia conforme, ma c'è molto di te in me. Ad esempio, il verbo *to crave* ossessiona anche me, io però ignoro l'oggetto del mio bisogno.

– È interessante.

– Più frustrante che interessante. Posso farti una domanda?

– Prego.

– Al di là della sua assurdità, la cosa che mi lascia sconcertata della tua strategia di vendetta è la durata. Come hai potuto mantenere un obiettivo così delirante per quasi vent'anni?

– Perché il tempo non aveva valore per me. Esiste un pesce degli abissi chiamato celacanto: quando non ha più mezzi per sopravvivere, programma la sua morte. Entra in stato comatoso finché non si ristabiliscono le condizioni adatte per la sua sopravvivenza. Il tempo per lui non esiste.

– So di cosa parli – mormorò la giovane donna.

L'uomo sembrò non raccogliere.

– Non hai una bella cera – disse.

– Da quale pulpito.

– Perché eviti di guardarmi?

Épicène si sforzò di fissare la figura paterna. Per qualche istante ci fu un duello di sguardi.

– Stai meglio rispetto a dieci anni fa – commentò la ragazza. – I tuoi occhi non sono più così spenti.

– Hai ragione. La prossimità della morte mi dà sollievo.

– Perché non ti sei suicidato dieci anni fa?

– Bella domanda. Non ho potuto impedirmi di aspettare ancora qualcosa.

– Che Reine tornasse da te?

– No, non sono arrivato al punto di credere a Babbo Natale. Semplicemente era come se non riuscissi ad accettare che tutta questa storia fosse finita in modo così stupido. La cosa davvero terribile non è essere infelici, ma che la nostra infelicità non abbia nessun senso.

La giovane donna osservò l'apparecchio che gli comprimeva il petto.

– È doloroso?

– Senza questo respiratore sarei già morto. Io che sono alla perenne ricerca di un senso, sono contento di morire per una malattia della respirazione. Il mio desiderio di vendetta mi ha letteralmente asfissiato.

Épicène vide il cavo che collegava la macchina alla presa di corrente. Successe una cosa incredibile: staccò la spina del respiratore. Soltanto un secondo prima non aveva la minima idea che lo avrebbe fatto.

Claude ebbe giusto il tempo di capire. Spalancò gli occhi estatici. Con reale stupore, la figlia lo vide soffocare. Neanche mezzo minuto più tardi era morto.

Sempre senza riflettere, Épicène riattaccò l'apparecchio. Poi uscì dalla camera a cercare aiuto:

– Venite, presto! È successo qualcosa a mio padre!

Non recitava, era davvero sconvolta.

L'infermiera accorse.

– Signorina, mi dispiace moltissimo, suo padre è morto – annunciò.

– Non capisco – gridò Épicène. – Stavamo parlando tranquillamente e poi all'improvviso l'ho visto asfissiare.

– Per fortuna lei era lì. Se ne è andato con la sua adorata figlia accanto. È la speranza di tutti, morire così. Vuole telefonare a qualcuno?

– Non ne avrei la forza – rispose la giovane donna crollando su una sedia.

– Vado a cercare un medico – disse l'infermiera uscendo dalla camera.

Secondo il principe di Ligne non esiste il male al di fuori della premeditazione, che lui identifica con la volgarità. Secondo questo principe un delitto compiuto d'impulso non è che una colpa veniale.

Épicène non aveva letto Ligne, ma fu in grado di verificarne il pensiero. Per il fatto di aver agito senza neppure un briciolo di premeditazione, si sentì immediatamente innocente. Non aveva certo perduto il senno, sapeva di aver ucciso il padre. Ma le fu accordato di non provarne alcun rimorso.

Anzi: durante quei pochi istanti stupefatti in cui lo vide morire, provò un'allegria indicibile. Lo visse come la prova, se ne occorreva una, che la grazia si era di certo immischiata in quella storia.

Era consapevole che la sua convinzione non avrebbe resistito a un'analisi più profonda. Ricordava di aver deciso all'età di undici anni che avrebbe ammazzato il padre. L'odio nei suoi confronti non era mai scemato. Eppure non dubitò un istante della propria innocenza.

Per non cadere in un eccessivo compiacimento si risolse a tenere quel segreto per sé. Come condividere, del resto, ciò che nessun linguaggio potrebbe esprimere?

Nel frattempo, l'infermiera informò il medico.

– Ci può essere qualche nostra responsabilità? – chiese quest'ultimo.

– Parrebbe proprio di no. Nondimeno suggerisco di non approfondire la questione. Non possiamo escludere che si sia prodotta una fluttuazione di corrente.

– Come sta la figlia del morto?

– È sconvolta.

– Fatele firmare la liberatoria. La prudenza non è mai troppa.

Senza quasi rendersene conto, Épicène firmò un modulo che, declinando ogni responsabilità da parte dell'ospedale, di fatto scagionava anche lei. Il padre era deceduto per un cancro ai polmoni.

– È come se avesse aspettato di vedermi, per morire – disse.

– Può esserne certa – confermò il medico.

Chiese se si potesse far trasportare il corpo a Brest per le esequie. La misero in contatto con le pompe funebri. Dopo numerose formalità, ritornò alla Gare Montparnasse.

Non appena partì il treno, si abbandonò a una gioia sconosciuta. Nel profondo del cuore, parlò al defunto: "Io non sono come te. La prova è che tu hai sacrificato la tua vita a una vendetta che si è rivelata un completo fallimento. E io, senza neppure un briciolo di premeditazione, ottengo in un colpo solo la vittoria più sbalorditiva della Storia." Esultò per quel progresso tra generazioni.

Una volta a casa, Épicène prese la madre in disparte:

– Claude è morto in ospedale mentre gli stavo parlando.

Dominique ebbe un crollo.

– Non ha sofferto. Sembrava quasi che aspettasse il mio arrivo per morire.

– Ti ha parlato di me?

– Mamma, non voglio mentirti. No, non ha parlato di te, non ha manifestato alcun rimorso. Però mi sono trovata di fronte un uomo senza odio. Ti giuro che ha avuto il miglior trapasso che fosse possibile.

Con quelle parole, la giovane donna rivelava così la propria convinzione più profonda.

Dominique scoppiò in singhiozzi.

– Piangi perché non mi ha parlato di te, mamma?

– No. Piango la morte dell'uomo della mia vita.

– Capisco. È per questo che ho organizzato il trasferimento della salma a Brest. La cerimonia avrà luogo domenica.

Poi Épicène andò a dare la notizia ai nonni. Reagirono con dignità. La giovane donna ammirò la loro discrezione nel non fare mai la minima domanda su quel dramma coniugale.

Il prete non sembrò turbato dal fatto che alle esequie fossero presenti solo quattro persone. Mentre procedeva con il rito, arrivò una ritardataria.

"Che audacia! La faccia tosta non le manca" si disse Épicène.

A cinquantacinque anni Reine aveva raggiunto una bellezza sovrannaturale. Alta, sottile, in lutto stretto, maestosa nella sua assenza di dolore.

Dominique sussultò nel vederla e raddoppiò i singhiozzi.

Il piccolo corteo si mise in marcia verso il cimitero. Senza vergogna, Reine prese sottobraccio l'amica. Non le fu opposta nessuna resistenza.

La sepoltura propriamente detta turbò tutti. Épicène non poté reprimere un brivido lungo la schiena quando gettò la sua palata di argilla sulla bara.

Il ministro di Dio pronunciò una frase densa di significato:

– L'amore ispirato da un essere umano non si misura dal numero di persone presenti alla sua inumazione.

Quando finì la cerimonia, la giovane donna accompagnò i nonni che, fedeli a sé stessi, non chiesero nulla sull'identità della signora rimasta con la loro figlia davanti alla tomba.

– Sono venuta a pregarla di volermi perdonare, Dominique. Tante sofferenze sarebbero state evitate, se non avessi commesso l'errore di tacere.

– Perché non mi ha detto nulla?

– Ho pensato che bisognava confessare la verità all'inizio dei giochi oppure mai. E siccome ci avevo messo qualche tempo a capire chi era suo marito, mi è sembrato poi che fosse troppo tardi. Ho sbagliato. Potrà perdonarmi?

La vedova fece un gesto di assenso.

– Ecco qualcuno che non ci mancherà – aggiunse Reine indicando la tomba con un cenno del mento.

– Dice così, ma non ha potuto fare a meno di venire al suo funerale.

– Da più di dieci anni cercavo un pretesto per riannodare i rapporti con lei. L'occasione mi è sembrata propizia. Oggi sono qui per lei, non per Claude.

– Sa cos'è che mi tormenta maggiormente in questa storia? Non è la menzogna, né il tradimento, né la manipolazione. È il fatto di non essere stata protagonista della mia vita. Non sono stata che un terzo incomodo, uccisa da una pallottola vagante, niente era destinato a me. Tutto questo affare non mi riguardava né da vicino né da lontano. Sulla mia tomba bisognerà scrivere: 'Dominique Rosec, terzo incomodo.'

Reine posò la mano sulla spalla dell'amica e disse:

– Si sbaglia. Il terzo incomodo era Claude.

Igiene dell'assassino
Al premio Nobel per la letteratura Prétextat Tach restano solo due mesi di vita. Giornalisti di tutto il mondo vogliono intervistare lo scrittore che una feroce misantropia tiene isolato da anni. Solo una donna riesce a portare a termine l'intervista e a condurre un gioco che diventa presto un duello senza respiro.

Le Catilinarie
Una coppia va a vivere in campagna realizzando il proprio desiderio di solitudine, che si trasforma in tortura quando i due maturi innamorati scoprono nel vicino di casa un insopportabile seccatore. L'apparizione dell'enorme moglie sarà la causa indiretta dell'inatteso finale.

Sabotaggio d'amore
La scoperta di una città, Pechino, e di un mondo, la Cina, da parte di una bimba. E nello stesso tempo la scoperta di sentimenti essenziali come l'odio, l'astuzia, l'eroismo, l'amore, l'indifferenza. Giunta a Pechino con il padre diplomatico la piccola protagonista viene coinvolta in una "guerra per bande" fra bambini di differenti nazioni. L'intuizione di come il nemico sia indispensabile nei rapporti umani è raccontata dall'autrice con la crudeltà e la grazia di sempre.

Attentato
Il protagonista è un uomo afflitto da una bruttezza senza speranza. Cos'altro gli rimane se non venerare una donna i cui tratti sono la perfezione assoluta? *La Bella e la Bestia* di Amélie Nothomb, moderna favola dell'amore impossibile, è riscattata da un umorismo spietato che racconta anche di una società attenta solo alle apparenze.

Ritorno a Pompei
Un dialogo serrato e scintillante di ironia tra una scrittrice rompiscatole di oggi e Celsius, abitante del futuro. Un'antiutopia tagliente che prende l'avvio da un evento storico lontano nel tempo, o forse appena avvenuto: l'eruzione del Vesuvio nel 79 d.C. e la distruzione di Pompei.

Mercurio
Un'isola. Il capitano e la sua pupilla abitano in un castello da dove sono stati eliminati tutti gli specchi, perché la giovane Hazel non veda il proprio viso. È prigioniera? L'infermiera Françoise, chiamata a curare la fanciulla, indaga sugli elementi del mistero. Doppio finale a sorpresa...

L'entrata di Cristo a Bruxelles
Due novelle che sono un concentrato della migliore Nothomb, ironica e leggera, beffarda e inquietante.

Stupore e tremori
La giovane Amélie è al suo primo impiego alla Yumimoto, una delle "aziende più grandi dell'universo". Suo diretto superiore è Fubuki Mori, donna imperturbabile che prova piacere nell'umiliare la sottoposta. Inizia così la vertiginosa caduta di Amélie, presto declassata a guardiana delle toilette. Ma la discesa agli inferi è resa meno amara dalla contemplazione della bella e orgogliosa Fubuki...

Metafisica dei tubi
Un'autobiografia scanzonata e irriverente dei primissimi anni di vita dell'autrice. La scoperta del gusto, del peccato, della potenza e della fascinazione della parola impegna il tubo-Amélie, apparentemente inerte: "Vivere è rifiutare. Chi accetta ogni cosa non è più vivo dell'orifizio del lavandino."

Cosmetica del nemico
Tutto comincia nella sala d'attesa di un aeroporto, dove un passeggero legge per ingannare l'attesa. Ma è lui la vittima designata: è sufficiente parlargli per far scattare la trappola. Tutto finisce nella sala d'attesa di un aeroporto. Un giallo? Forse. Certamente un'indagine sulla doppiezza dell'uomo e sulla sua cecità, condotta in dialoghi mozzafiato.

Dizionario dei nomi propri

Nata in prigione da un'uxoricida, Plectrude desidera ardentemente diventare ballerina, solo un rovinoso incidente riuscirà a impedirle per sempre di danzare. Tra l'amore del suo principe azzurro e un misterioso omicidio, la protagonista si muove in una favola moderna dalle sfumature noir.

Antichrista

Blanche è un'adolescente solitaria, immersa nel mondo dei libri che divora, mentre Christa è seduttrice e sicura di sé, solo l'età e la precocità negli studi le accomuna... Un'amicizia pericolosa, un romanzo inquietante e denso di emozioni, in cui l'ambiguità dei sentimenti è resa con magistrale intensità.

Biografia della fame

Una divorante fame di vita per un'autentica, singolare, eccentrica autobiografia. Gli anni del nomadismo familiare in paesi esotici, a seguito del padre diplomatico: Giappone, Cina, Bangladesh... "Se scendevo appena all'interno di me, mi imbattevo in territori di un'aridità stupefacente, sponde che attendevano la piena del Nilo da millenni."

Acido solforico
Una troupe televisiva recluta per le strade di Parigi i concorrenti di un reality show dall'inequivocabile nome Concentramento. I prescelti vengono internati in un campo dove altri interpretano il ruolo di kapò e dove la vita di tutti si svolge sotto l'occhio vigile delle telecamere... Gli strali nothombiani contro una società in cui la sofferenza diventa spettacolo.

Diario di Rondine
Dopo una delusione d'amore il giovane protagonista decide di annientare la propria sensibilità e diventa un sicario. Freddo e spietato, solo il sangue delle sue vittime sembra procurargli piacere, fino al giorno in cui gli viene ordinato di uccidere un ministro con la sua famiglia. Il diario segreto della figlia adolescente del ministro diventa ben presto la sua ossessione e ne sconvolge in modo imprevedibile il destino... Un'insolita storia d'amore in puro stile Nothomb per un romanzo eccentrico e dalle sfumature dark.

Né di Eva né di Adamo
Dopo *Stupore e tremori* l'autrice belga ritorna al suo periodo giapponese per narrarne l'aspetto privato: la sua storia d'amore con Rinri, giovane giapponese ricchissimo, affascinato dalla cultura occidentale quanto la giovane Amélie lo è da quella giapponese. Un resoconto bizzarro e insieme poetico, sotto il segno del piacere, dell'umorismo e della rapidità.

Causa di forza maggiore
Nell'esistenza di un individuo assolutamente normale irrompe l'imprevisto: uno sconosciuto sceso da una Jaguar suona alla porta, chiede di fare una telefonata e viene colpito da infarto appena composto il numero. Un segno del destino? Un complotto? Amélie Nothomb sovverte ancora una volta tutte le regole del gioco letterario.

Il viaggio d'inverno
Zoïle, impiegato di una società elettrica, è innamorato della bella Astrolabe che però è completamente presa dal compito di accudire la sua amica scrittrice Aliénor, colpita da una strana forma di autismo. Un viaggio psichedelico è la bizzarra tecnica di seduzione messa in atto dal giovane per conquistare la bella ma l'esito sarà disastroso, in tutti i sensi.

Una forma di vita
Tra le migliaia di lettere che riceve ogni giorno, Amélie si imbatte in quella di Melvin Mapple, soldato americano obeso di stanza a Baghdad che nel cibo si rifugia e lo usa come una personale forma di protesta contro il Sistema. Inizia così una stravagante corrispondenza epistolare finché all'improvviso Melvin non smette di scrivere...

Uccidere il padre
Joe Whip ha 15 anni e un'unica passione: i giochi di prestigio. Cresciuto senza padre e messo alla porta dalla madre, vaga per i bar di Reno, nel Nevada, intrattenendo i clienti con i suoi trucchi di magia. Qui incontra Norman Terence, il mago più abile e famoso della zona, e il ragazzo sembra trovare in lui un padre oltre che un mentore. Riuscirà l'allievo a superare il maestro? Finale inaspettato e tipico tocco umoristico in puro stile Nothomb.

Barbablù
Saturnine, giovane ragazza belga, cerca un alloggio a Parigi. Trova, per una cifra davvero modesta, un suntuoso appartamento da condividere con l'eccentrico proprietario, il Grande di Spagna don Elemirio Nibal y Milcar. Ma l'irriverente Saturnine non sa che otto donne prima di lei hanno abitato in quella magnifica casa e che di loro nessuno ha più notizie.

La nostalgia felice
Un bizzarro e coinvolgente viaggio sentimentale: sedici anni dopo le tragicomiche peripezie raccontate in *Stupore e tremori* e in *Né di Eva né di Adamo*, Amélie Nothomb torna in Giappone. È l'occasione per rivedere le persone e i luoghi amati dopo lo spaventoso terremoto di Fukushima del 2011.

Pétronille

La storia di un'amicizia e di una passione. L'amicizia è quella fra due scrittrici, una già affermata e idolatrata dal pubblico e l'altra geniale ma esordiente all'inizio della narrazione: Amélie Nothomb e Pétronille Fanto. Il racconto di un inusuale legame che prende forma fra libri, librerie, letteratura e indimenticabili bevute.

Il delitto del conte Neville

Riprendendo Oscar Wilde e la tragedia greca Amélie Nothomb ci offre una sua personale versione dei miti. Il conte Neville, aristocratico belga decaduto, è costretto a vendere il suo magnifico castello nelle Ardenne. Prima di uscire di scena, decide di organizzare una lussuosissima festa d'addio. Nei giorni che precedono l'evento, Sérieuse, la sua figlia più giovane, fugge di casa. A ritrovarla sarà Madame Portenduère, una misteriosa chiaroveggente che farà a Neville una spaventosa profezia...

Riccardin dal ciuffo

Amélie Nothomb gioca ancora una volta con la fiaba popolare, come già in *Attentato* e *Barbablù*, offrendo al lettore un romanzo sui misteri dell'amore e della natura umana. Il famoso ornitologo Deodato – che ha un aspetto repellente ma un'intelligenza fuori dal comune – incontra Altea, che al contrario stupisce per la sua incantevole bellezza, che però sembra unirsi a un ingegno limitato...

Colpisci il tuo cuore
Marie è una bellissima diciannovenne che gode a suscitare l'invidia delle sue coetanee. Quando va in sposa a un giovane benestante, non si rassegna alla nascita di Diane, l'incantevole figlia che attira su di sé l'attenzione di tutti, come non si rassegna a una vita che sembra deludere le sue aspettative. Amélie Nothomb torna a regalarci un romanzo crudele, mettendo a nudo con precisione millimetrica i meccanismi più distruttivi dell'animo umano.

EDIZIONI VOLAND
www.voland.it

collana *intrecci*

62. Ugo Riccarelli, *Diletto*
63. Laurent Martin, *Rive lontane*
64. Enrique Serna, *Amori di seconda mano*
65. José Ovejero, José Manuel Fajardo, Antonio Sarabia, *Prime notizie su Noela Duarte*
66. J.R. Ackerley, *Tutto il bene del mondo*
67. Markus Orths, *La cameriera*
68. Philippe Djian, *37°2 al mattino*
69. Ndumiso Ngcobo, *Alcuni dei miei migliori amici sono bianchi*
70. Justo Navarro, *Finalmusik*
71. Massimiliamo Smeriglio, *Garbatella combat zone*
72. Asaf Schurr, *Motti*
73. Jean-Philippe Blondel, *1979*
74. André Schiffrin, *Il denaro e le parole*
75. Philippe Djian, *Incidenze*
76. Julio Cortázar, *Diario di Andrés Fava*
77. Luigi Farrauto, *Senza passare per Baghdad*
78. Alberto Olmos, *Tatami*
79. José Sasportes, *Giorni contati*
80. Philippe Djian, *Vendette*
81. Rocco Pinto, *Fuori catalogo: storie di libri e librerie*
82. Mia Couto, *Veleni di Dio, medicine del diavolo*
83. José Ovejero, *Un anno nero per Miki*
84. Georges Perec, *Tentativo di esaurimento di un luogo parigino*
85. Giorgio Manacorda, *Il corridoio di legno*
86. Mircea Cărtărescu, *Nostalgia*
87. Dennis McShade, *La mano destra del diavolo*
88. Justo Navarro, *La spia*
89. Eduardo Mendicutti, *California*
90. Philippe Djian, *Assassini*
91. Daniel Kehlmann, *Il tempo di Mahler*
92. Matthias Frings, *L'ultimo comunista*
93. Georges Perec, *Il Condottiero*

94. Giorgio Manacorda, *Delitto a Villa Ada*
95. Philippe Djian, *"Oh..."*
96. Matteo Marchesini, *Atti mancati*
97. Dennis McShade, *Requiem per D. Chisciotte*
98. Julio Cortázar, *L'esame*
99. Erling Jepsen, *L'arte di piangere in coro*
100. Vanni Santoni, *Personaggi precari*
101. Roland Topor, *Memorie di un vecchio cialtrone*
102. Michaël Uras, *Io e Proust*
103. Giorgio Manacorda, *Il cargo giapponese*
104. Philippe Djian, *Criminali*
105. Emil Cioran, *Sulla Francia*
106. Charles Lambert, *Occasioni di morte*
107. Vicente Battista, *Semplicemente Gutiérrez*
108. Giorgio Manacorda, *Terrarium*
109. Miklós Vajda, *Ritratto di madre, in cornice americana*
110. Mircea Cărtărescu, *Abbacinante. Il corpo*
111. Edgar Hilsenrath, *Orgasmo a Mosca*
112. Demetrio Paolin, *Conforme alla gloria*
113. Mircea Cărtărescu, *Abbacinante. L'ala destra*
114. Emil Cioran, *Breviario dei vinti II. 70 frammenti inediti*
115. Valerio Aiolli, *Lo stesso vento*
116. Guglielmo Brayda, *Effetti collaterali dei sogni*
117. Ralph Dutli, *L'ultimo viaggio di Soutine*
118. Paul Fournel, *La novità*
119. Nicola H. Cosentino, *Vita e morte delle aragoste*
120. Giacomo Melloni, *Il musicista oscuro*
121. Javier Argüello, *A proposito di Majorana*
122. Marco Ferrari, *Un tango per il duce*
123. José Ovejero, *L'invenzione dell'amore*
124. Edgar Hilsenrath, *Notte*
125. Leonardo Fredduzzi, *La venere di Taškent*

collana *sírin*

41. Dmitrij A. Prigov, *Eccovi Mosca*
42. Stanisław Lem, *Vuoto assoluto*
43. Zachar Prilepin, *Patologie*
44. Zachar Prilepin, *San'kja*

45. Zachar Prilepin, *Il peccato*
46. Jacek Dukaj, *La Cattedrale*
47. Georgi Gospodinov, *Fisica della malinconia*
48. Aleksej Nikitin, *Istemi*
49. Marija Elifërova, *Morte di un autore*
50. Zachar Prilepin, *Scimmia nera*
51. Marina Cvetaeva, *Taccuini 1919-1921*
52. Gajto Gazdanov, *Il fantasma di Alexander Wolf*
53. Juz Aleškovskij, *La cangura*
54. Gajto Gazdanov, *Il ritorno del Budda*
55. Serhij Žadan, *La strada del Donbas*
56. Grisha Bruskin, *Imperfetto passato*
57. Zachar Prilepin, *Il monastero*
58. Vladimir Jabotinsky, *I cinque*
59. Serhij Žadan, *Mesopotamia*
60. Georgi Gospodinov, *E tutto divenne luna*
61. Aleksandr Solženicyn, *Nel primo cerchio*
62. Aleksej Nikitin, *Victory Park*

collana *amazzoni*

43. Silke Scheuermann, *L'ora tra il cane e il lupo*
44. Barbara Frischmuth, *La scrittura dell'amico*
45. Elena Boč'orišvili, *Opera*
46. Marilyn Bobes, *Febbre d'inverno*
47. Amélie Nothomb, *Causa di forza maggiore*
48. Alexandra David-Néel, *Il potere del nulla*
49. Elia Barceló, *Cuore di tango*
50. Lia Migale, *La donna del diavolo*
51. Esther Freud, *Innamoramenti*
52. Susanne Scholl, *Ragazze della guerra*
53. Carol Shields, *Diari di pietra*
54. Magdalena Tulli, *Sogni e pietre*
55. Nélida Piñon, *La dolce canzone di Caetana*
56. Jaqueline Harpman, *Orlanda*
57. Amélie Nothomb, *Il viaggio d'inverno*
58. Marie Le Drian, *Possibili schiarite*
59. Silke Scheuermann, *Ragazze ricche*
60. Cristina Rivera Garza, *Il segreto*

61. Amélie Nothomb, *Una forma di vita*
62. Marina Palej, *Klemens*
63. Carol Shields, *L'amore è una repubblica*
64. Esther Freud, *Marrakech*
65. Dulce Maria Cardoso, *Il compleanno*
66. Amélie Nothomb, *Uccidere il padre*
67. Soti Triantafillou, *Scatole cinesi*
68. Melinda Nadj Abonji, *Come l'aria*
69. Amélie Nothomb, *Barbablù*
70. Brigitte Reimann, *Fratelli*
71. Amélie Nothomb, *La nostalgia felice*
72. Colette, *Mi piace essere golosa*
73. Amélie Nothomb, *Pétronille*
74. Stéphanie Hochet, *Sangue nero*
75. Elena Rževskaja, *Memorie di una interprete di guerra*
76. Ilaria Gaspari, *Etica dell'acquario*
77. Lucilla Schiaffino, *Trame d'infanzia*
78. Amélie Nothomb, *Il delitto del conte Neville*
79. Stéphanie Hochet, *Elogio del gatto*
80. Amélie Nothomb, *Riccardin dal ciuffo*
81. Dulce Maria Cardoso, *Sono tutte storie d'amore*
82. Mercedes Lauenstein, *di notte*
83. Stéphanie Hochet, *Un romanzo inglese*
84. Nora Ikstena, *Il latte della madre*
85. Amélie Nothomb, *Colpisci il tuo cuore*
86. Giorgia Tribuiani, *Guasti*
87. Marina Stepnova, *Le donne di Lazar'*
88. Amélie Nothomb, *I nomi epiceni*

collana *confini*

6. Alexandra David-Néel, *Nel paese dei briganti gentiluomini*
7. Alexandra David-Néel, *Mistici e maghi del Tibet*
8. Valeria Vocaturo, *La cucina di Valeria. Saperi e sapori mediterranei*
9. Alessandro Niero, *Il cuoio della voce*
10. Marc Durin-Valois, *Chamelle*
11. Léonie d'Aunet, *Oltre Capo Nord*
12. Aleksandr Radiščev, *Viaggio da Pietroburgo a Mosca*

13. Valeria Vocaturo, *Caro diario. Appunti di cucina in vacanza*
14. Wolfgang Büscher, *Berlino-Mosca. Un viaggio a piedi*
15. Renée Hamon, *Verso le isole luminose. Tahiti, Tuamotu, Marchesi*
16. Adalberto Minucci, *La crisi generale tra economia e politica*
17. Enrique Vila-Matas, *Dalla città nervosa*
18. Wolfgang Büscher, *Germania, un viaggio*
19. Wolfgang Büscher, *Assenze asiatiche*
20. Massimo Loche, *Per via di terra. In treno da Hanoi a Mosca*
21. Cédric Gras, *Vladivostok*
22. Flavio Fusi, *Cronache infedeli*

collana *sírin classica*

1. Lev Tolstoj, *Chadži-Murat*
2. Anton Čechov, *Tre racconti*
3. Ivan Turgenev, *Diario di un uomo superfluo*
4. Marina Cvetaeva, *Le notti fiorentine*
5. Maksim Gor'kij, *Varen'ka Olesova*
6. Nikolaj Gogol', *Due storie pietroburghesi*
7. Fëdor Dostoevskij, *Memorie del sottosuolo*
8. Michail Bulgakov, *Diavoleide*
9. Isaak Babel', *Racconti di Odessa*
10. Evgenij Zamjatin, *Noi*

collana *finestre*

1. Claudio Scaringella, *Il casualitico*
2. Daniele Cini, *Io, la rivoluzione e il babbo*
3. Chone Shmeruk, *Breve storia della letteratura yiddish*
4. J.L. Pio Abreu, *Come diventare un malato di mente*
5. Shelagh e Jonathan Routh, *Note di cucina di Leonardo da Vinci*
6. Phil Baker, *Il libro dell'assenzio*
7. Juliette Nothomb, *La cucina di Amélie*
8. Ramón Chao e Ignacio Ramonet, *Guida alla Parigi ribelle*
9. Guillem Martínez, *Guida alla Barcellona ribelle*
10. Patrizia Cavalli e Diana Tejera, *Al cuore fa bene far le scale*
11. Rosa Mordenti, Viola Mordenti, Lorenzo Sansonetti, Giuliano Santoto, *Guida alla Roma ribelle*

12. Beatrice Barzaghi, Maria Fiano, *Guida alla Venezia ribelle*
13. Riccardo Michelucci, *Guida alla Firenze ribelle*
14. Ida De Michelis, *La Grande Guerra di Dante*
15. Ernesto Schoo, *Mi Buenos Aires querido*
16. Teresa Ciuffoletti, Roberto Sassi, *Guida alla Berlino ribelle*
17. Valentina Parisi, *Guida alla Mosca ribelle*

supereconomici

1. Amélie Nothomb, *Diario di Rondine*
2. Mikhail Shishkin, *Lezione di calligrafia*
3. Amélie Nothomb, *Cosmetica del nemico*
4. Fernando Pessoa, *Lisboa. Quello che il turista deve vedere*
5. José Ovejero, *Come sono strani gli uomini*
6. Alexandra David-Néel, *Nel paese dei briganti gentiluomini*
7. Moacyr Scliar, *La donna che scrisse la Bibbia*
8. Amélie Nothomb, *Né di Eva né di Adamo*
9. Georgi Gospodinov, *Romanzo naturale*
10. Emilio Salgari, *Un'avventura in Siberia*
11. Mircea Cărtărescu, *Travesti*
12. Amélie Nothomb, *Barbablù*
13. Georges Perec, *Il Condottiero*
14. Vanni Santoni, *Personaggi precari*

fuori collana

1. Gabriele Morrione, *Passo a due*
2. Amélie Nothomb, *L'entrata di Cristo a Bruxelles*
3. Amélie Nothomb, *Maxi*
4. Giorgio Manacorda, *Pasolini a Villa Ada*

Redazione di
Daniela Di Sora e Angelo Di Liberto

Grafica
Progetto: Alberto Lecaldano
Font: *Voland*, Luciano Perondi, 2010

Stampa
Print on Web Srl
via Napoli, 85
03036 Isola del Liri (FR)

Finito di stampare: febbraio 2019

Edizioni Voland
00186 Roma, via di San Benedetto in Arenula 14
tel. 06 45496060
www.voland.it
e-mail: redazione@voland.it